Auch wenn alle einer Meinung sind, können alle Unrecht haben.

Bertrand Russel 1872-1970 engl. Philosoph

Herstellung und Verlag:
BoD - Books on Demand, Norderstedt
ISBN 978-3-7528-2094-2

Werden Sie aus Gott manchmal nicht schlau? Dann lauschen Sie in die Stille. Hören Sie den Stein der Ehebrecherin zugedacht, um sie zu töten , wie er auf den Boden fällt?
Den nenne ich den Stein der Weisen!

Da ich in meinem Leben meine ganze Freizeit damit verbracht habe die Wahrheit zu finden, habe ich mich mit ihr beschäftigt und habe sogar nicht nur sie, **sondern Gott und alles Gute dazu gefunden.**

Ich habe die Bibel viermal komplett und das Neue Testament sechsmal gelesen. Ich habe das nicht getan um die Bibel auswendig zu lernen, sondern suchte die Wahrheit und habe dabei Gott gefunden. Besonders das Neue Testament hat mich vollends überzeugt, denn was dort von Jesus selbst zu uns gesagt wird, kann sich niemals ein Mensch ausdenken. Es ist mir auch kein anderer Name unter dem Himmel bekannt geworden, der uns etwas Anderes oder Besseres gesagt hätte, als Jesus Christus, denn er sagte: **„Ich bin der Weg, die Wahrheit und das ewige Leben, niemand kommt zum Vater, denn durch mich!"**

Aus dieser Erkenntnis heraus habe ich nun Bücher geschrieben, wovon das erste heißt: **„Ich weiß, dass es einen Gott gibt!"** Das ist ein provokanter Titel, den ich aber ganz bewusst gewählt habe, denn wer kann schon sagen:**"Ich weiß, dass es einen Gott gibt?"**

Den Beweis aber für diese Behauptung möchte ich so beschreiben: „Ich weiß es, **weil Gott in meinem Herzen wohnt!"**

Nun könnte man aber weiter fragen und sagen: **„Wie kommt denn Gott in unser Herz?"** Die Antwort habe ich bei Jesus selbst gefunden, denn er sagt: **„Wer mich liebt, der wird mein Wort halten und mein Vater wird ihn lieben, und wir werden zu ihm kommen und Wohnung bei ihm nehmen."** Joh. 14,23

Das ist für mich sehr logisch und deshalb mit meinem gesunden Menschenverstand sehr gut nachvollziehbar.

Unsere Würde liegt beim Schöpfer selbst, denn er hat uns von allen Geschöpfen **zu seinem Ebenbild** gemacht.

Daher unterscheiden wir uns von allen anderen Geschöpfen und sind nicht mit dem Tierreich gleichzusetzen, sondern mit dem Schöpfer selbst. Mich hat immer beeindruckt, dass unsere Würde gerade darin besteht, **dass wir Kinder Gottes sind!**

Lassen sie mich aber sagen, was ich nicht bin: „Ich bin weder ein Lehrer oder Pastor, noch Guru oder Schriftsteller!"

„Ich bin nicht, was ich tue. Ich bin nicht, was ich habe.
Ich bin nicht, was andere über mich sagen.

Ich bin ein geliebtes Kind Gottes.
Das ist es, was ich bin.
Niemand kann mir das nehmen. Ich
brauche mich nicht zu sorgen.
Ich muss nicht hetzen. Ich kann
meinem Freund Jesus vertrauen
und seine Liebe mit der Welt teilen. "

**Um unseren Glauben zu stärken
müssen wir unsere aktuelle Lebenssituation akzeptieren.**
Nehmen wir uns Zeit für Gott! Setzen
wir Gott jeden Tag an **die erste Stelle**
und verbringen wir Zeit mit ihm.

Menschen haben die Welt verändert,
weil sie ihre Prioritäten ändern.
Nehmen wir uns regelmäßig Zeit für
Gott und dann erleben wir, wie er
unser Leben verändert.

Denken wir über unsere Entscheidungen nach. Suchen wir Weisheit. Hören wir auf den Rat von Menschen, denen wir vertrauen und lassen wir uns von Gott beraten. Das ist weise und dadurch sind wir ein Vorbild für Andere.

Hören wir **bedingungslos** auf Gott. Ihm völlig zu gehorchen ist nicht einfach und es erfordert **Charakterstärke,** Überzeugung und Mut. Gott sieht in uns diese Charakterstärke und wird unseren Charakter durch unseren Gehorsam weiter formen. Er sieht unsere Überzeugung und unseren Mut. **Folgen wir dem Beispiel Jesu und gehorchen wir Gott.**

Wenn man näher zu Gott kommen will, darf man dieses oder jenes nicht mehr tun. Aber der Beginn ist nicht,

nicht mehr zu sündigen. **Der Beginn ist, die Liebe Gottes anzunehmen und seine Liebe zu erwidern.**

Wenn wir Gottes Liebe in uns aufnehmen und mit unserem ganzen Herzen nach der Liebe Gottes streben, wie nach dem Reich Gottes, und wenn wir Gottes ungeteilte Liebe in unserem Herzen haben, **wird sich unser ganzes Leben ändern.** Sobald Gottes Licht in unser Herz hineinkommt, kann dort keine Finsternis mehr herrschen. Wir müssen wissen, dass Gott uns genauso liebt, wie ein Vater jedes seiner Kinder auf ganz besondere Weise liebt.

Leider sind viele Christen nur Fans von Gott. Sie meinen alles über ihn zu wissen und halten ihr Bibelwissen für die größte Sache auf Erden.

Wir dürfen zu Gott kommen, wie wir sind, **aber wir dürfen nicht so bleiben!**

Um Gott zu spüren, müssen wir ihn uns durchströmen lassen. Gerade wenn wir unser Leben dem widmen, **ein Licht der Welt zu sein,** Menschen zu helfen und einen positiven Unterschied zu bewirken, werden wir spüren, wie Gott uns durchströmt. Das ist eine erstaunliche Erfahrung. **Versuchen wir es!**

Ich möchte drei häufige Gründe dafür nennen, warum wir bewusst oder un-bewusst meinen, dass es Gott überhaupt nicht gibt oder dass er in diesem Augenblick weit entfernt von uns ist und sich nicht sonderlich um uns kümmert.

Der erste Grund ist, **dass wir nicht glauben,** dass Gott wirklich existiert. Natürlich hoffen wir das insgeheim oder stellen uns das zumindest vor, aber viele sind in ihrem Herzen nicht wirklich davon überzeugt. Meiner Meinung nach ist **die ganze Schöpfung geradezu ein Fingerzeig auf die Existenz Gottes.** Auch wenn wir nicht auf jede unserer Fragen eine Antwort bekommen, so macht die Schöpfung zumindest **deutlich, dass es einen Schöpfer und damit einen Gott gibt.**

Die ganze Schöpfung ist ein Fingerzeig für die Existenz Gottes. Denken wir nur an die Art und Weise, wie eine Biene Nektar aus einer Blume saugt und ein perfektes Achteck für den Honig baut, den wir so gerne auf unser Croissant streichen. **Diese Perfektion ist ein Wunder! Gott existiert.**

Ein zweiter Grund. Weshalb wir oft nicht erkennen, dass Gott uns nahe ist, ist die Vorstellung, dass Gott irgendwie böse und zornig auf uns ist, wegen unserer Sünden und Schwächen. **Gott aber liebt uns, so wie wir sind, aber wir dürfen nicht so bleiben. Ändern wollen wir uns aber nicht!**

Der dritte Grund dafür, warum Gott uns so weit entfernt erscheint, ist die **falsche** Annahme, dass Gott an uns nicht interessiert ist. Der Gedanke, dass Gott ausgerechnet mich mögen und sich um mich kümmern sollte, wo es doch sieben Milliarden Menschen auf dieser Welt gibt, **ist verständlich. Es ist jedoch falsch** zu meinen, dass man unter all den vielen Menschen nur dann von Bedeutung ist, wenn man berühmt ist, mein kleines Leben hat keinerlei Bedeutung.

Wir dürfen glauben, Gott hat uns nie verlassen und liebt uns so wie wir sind, aber wir dürfen nicht so bleiben!

Um zu sehen, wie Jesus, müssen wir das Beste in den Menschen sehen. Wenn wir das Beste in den Menschen sehen, dann rufen wir damit das Beste in ihnen hervor. Wenn wir das Schlechteste in Menschen sehen, rufen wir das Schlechteste hervor.

Wenn wir jemanden sehen, der höflich ist und ihm das sagen, sieht er uns als jemanden, der ihn für höflich hält. **Das ist nichts, was er wieder verlieren möchte.** Wenn wir sagen, dass jemand sehr freundlich, wohltätig oder großzügig ist, können wir zusehen, wie derjenige **noch mehr gibt.**

Liebe und Mitgefühl! Mehr als alles andere weist die Liebe uns als Christen aus. Liebe ist die wichtigste

Sache unseres Glaubens. Jemand, der keine Liebe hat und behauptet Christ zu sein, **ist kein Christ.** Liebe ist das, was uns Gott und Jesus am ähnlichsten macht.

Beten für Menschen:

Wir können für **jeden** beten. Alles, was wir machen müssen, ist zu sagen: **„Herr, ich bete für ..."** Ich bitte dich, dass du eingreifst. Im Namen Jesu bete ich. Amen"

Ein stiller und aufmerksamer Zuhörer

Viele reden viel zu viel! Wenn Menschen leiden, dann brauchen sie meistens keine Antworten, keine Beratung oder schlaue Ratschläge. **Sie**

brauchen nur jemanden, der da ist, einfach nur bei ihnen sitzt und nichts sagt.

Ein stiller und aufmerksamer Zuhörer zu sein, hat etwas unglaublich **Kraftvolles.** Stelle Fragen, aber versuche nicht, Antworten zu geben. Wir können keine gebrochenen Herzen heilen, das kann nur Jesus allein. **Aber wir können an der Heilung teilhaben und das ist etwas Gutes.**

Erzähle Deine Lebensgeschichte

Das ist einer der **besten** Wege, jemanden dazu zu bringen zu sagen: Weißt du, ich glaube, ich werde das mit Jesus mal ausprobieren. Wenn Du in einer christlichen Familie aufgewachsen bist, dann beschreibe es anderen. Z.B. kannst Du sagen: „Ich bin als Kind in einer Familie aufgewachsen, in der die Bibel gelesen und an Jesus geglaubt wurde. Unser Leben war nicht perfekt und auch meine Eltern haben Fehler gemacht, aber es hat etwas Besonderes, diese Grundlage zu haben.

Lade jemanden ein zum Glauben

Wir laden **ständig** Leute zu irgendwelchen Dingen **ein**. Zu einem Abendessen oder zu einem gemütlichen Kaffeetrinken usw. Sag einfach: „Hey, warum glaubst du nicht? Darum sag nicht einfach:**"Das glaube ich nicht. Diese Antwort ist**

einfach zu wenig. Man muss schon nachdenken, ganz tiefgründig!"

Die Hoffnung beginnt nicht damit, dass wir unsere Arbeitsstelle zurück bekommen. Sie beginnt nicht damit, dass alle unsere Erwartungen erfüllt werden. **Sie beginnt mit Anbetung!**

Sie tun wohl,

dass Sie Ihre einzige Beruhigung im Evangelium suchen;

denn es ist die unversiegbare Quelle aller Wahrheiten,

die, wenn die Vernunft ihr ganzes Feld ausgemessen hat,

nirgends anders zu finden sind.

Immanuel Kant

Wie kannst du eigentlich das Evangelium lesen und doch Angst haben?

Lies deinen Nerven aus dem Evangelium vor,

dann müssen sie doch ruhig werden.

Franz Marc

Nimm Liebe dankbar an!

Lass dir Gottes Liebe gefallen!

Lass dir die Liebe lieber Menschen gefallen!

Ergreife die Wohltaten Gottes!

Mach Herz und Hände weit weit auf!

Pflege Umgang mit Weisen, so wirst du weise; doch wer mit den Toren verkehrt, dem wird`s übel ergehen.

Dem Dürftigen weigere keine Wohltat, wenn es in deiner Macht steht, sie zu spenden!

Heil dem Menschen, der Weisheit erlangt und dem Menschen, der Einsicht gewinnt! Denn besser ist es, sie zu erwerben als Silber; sie zu gewinnen ist mehr wert als Gold.

Verachte deine Mutter nicht, wenn sie alt geworden ist!

Wahrheit erwirb und verkaufe sie nicht!

Die Frage, ob ein Schöpfer und Regierer des Weltalls existiert, ist von den **größten** Geistern, welche je gelebt haben, **bejahend** beantwortet! **Das ist für mich ein starkes Argument! Das stärkste Argument.**

Niemand bezweifelt, dass Landschaftsgestaltungen, Tierzeichnungen und anatomische Nachbildungen aus buntem Wachs Werke geschickter Künstler sind.

Wäre es denkbar, dass die Kopien von einer Intelligenz hervorgebracht werden, die Originale aber nicht? Dieser Gedanke scheint mir der **stärkste** Beweis für eine höhere Intelligenz, und ich sehe nicht, wie man gegen ihn angehen kann.

Das Kennzeichen eines Menschen, **der wirklich Wissen hat,** besteht darin, dass er sich Gott ergeben hat. Solange wir fortfahren über Gott zu spekulieren, uns aber nicht ergeben, **haben wir die vollkommene Stufe des Wissens noch nicht erreicht.**

Man diskutiert nicht mit Gott!

Ist man für die Wahrheit geschaffen, erkennt man sie unter tausend Lügen!

Das Wissen, dass Gott Gott ist und es in Ewigkeit sein wird, genügt, um uns zufrieden leben und sterben zu lassen.

Manche sagen: Der Mensch stammt vom Affen ab!

Versteh, o Mensch, was du in deiner Seele bist, der du deinen guten Verstand **niederlegst und dich dem Vieh gleichstellen willst.**

Eins mit Gott sind wir, **wenn wir seine Gebote halten!**

Oft hört man die Frage: **Wo ist Gott?** Ob nach einem Unfall oder einer Katastrophe: Wo ist Gott? Diese Frage wird oft so gestellt, dass man meinen könnte, Gott wäre verpflichtet, als Feuerwehr oder Rettungsdienst zu arbeiten. Gott für alles Schreckliche verantwortlich zu machen, ist zwar weit verbreitet, aber meist nicht zutreffend. Fairerweise müsste man Gott dann auch als

Urheber aller Erfolge bezeichnen **und ihm danken.**

Um zu wissen, ob es einen Gott gibt, verlange ich von euch nur eins: **Macht die Augen auf. Macht eure Augen auf,** und ihr werdet einen Gott erkennen und ihn anbeten.

Voltaire

Die Gesetze des Lebens sind sehr einfach:

Was wir geben, wird auch uns gegeben. Was wir über das Leben glauben, verwirklicht sich für uns. So einfach ist es.

Wir können Gott mit dem Verstand suchen**, aber finden können wir ihn nur mit dem Herzen!**

Täglich lerne ich etwas Neues über das Leben. **Dabei höre ich nur auf Gott!**

Die Religion ist nicht wahr, weil die Heiligen sie gelehrt haben, sondern die Heiligen haben sie gelehrt, **weil sie wahr ist.**

Der Weg zum Himmel ist leicht zu finden, **aber Tausende weigern sich,** ihn zu beschreiten.

Wenn diese ganze Existenz **nur provisorisch ist,** wozu braucht man die Beständigkeit zu suchen?

Wir leben in einer Welt, **die selbstverständlich ohne Gott lebt, aber wir gehören nicht zu ihr!**

Tu, was du vermagst, und Gott wird deinem guten Willen freundlich beistehen.

Glauben kann man nicht bequem vom Sofa aus. Zum Glauben gehört das: **Steh auf, komm und sieh! Werde Licht!**

Lies die Bibel, **schau nach,** was die Geschichten und Texte für dich und dein Leben bedeuten.

Geh in den Gottesdienst und hör auf das Wort Gottes, **und halt dann nicht den Mund!**

Auch die moderne Naturwissenschaft basiert auf der Vorstellung, dass das Universum von unsichtbaren Prinzipien regiert wird, den Naturgesetzen. **Diese Gesetze sind vom Wesen her geistartig, denn mathematische Gleichungen sind Dinge, die nur im Geist existieren.**

Früher hieß es, Gott habe den Menschen geschaffen, später, der Mensch habe Gott geschaffen und heute lautet die Wahrheit nun: **Niemand hat nichts geschaffen.** Es ist bloß etwas übrig geblieben.

Das Endliche verdampft zwar logisch vor dem Absoluten, **aber das Absolute hat das Endliche nicht geschaffen, um es verdampfen zu sehen.**

Wer um Gottes Angebot weiß, **der darf es anderen nicht verheimlichen!**

O Freund, **der Mensch ist nur ein Tor,** stellt er sich Gott als seines Gleichen vor.

Goethe

Beurteil Gottes Welt nicht nach der deinigen!

Zeige uns den Vater!

Der Wunsch ist alt und allgemein: Dass man doch vorzeigen und beweisen könnte! Oft steckt dahinter **der pure Unglaube.** Die Leute, die nach Beweisen für die Existenz Gottes rufen, sind häufig fest davon überzeugt, dass es solche Beweise nicht gibt, weil es Gott nicht gibt. **Ihr Wunsch ist also gar nicht ernst gemeint!**

Jesu Antwort drückt Verwunderung und Erstaunen aus: **„Was, du kennst mich nicht?"**

Auch wir erhalten keine andere Antwort. Gott zeigt uns in Jesus das, was zu wissen von ihm notwendig und lohnend ist, **nämlich seine Liebe zu uns.**

Es ist bemerkenswert, dass der Mensch sich auf alles vorbereitet oder darauf vorbereitet wird. Auf Schule und Beruf, auf Dienstreise und Urlaub, auf Ehe und Kinderkriegen, auf den Feierabend als Rentner. Nur auf das, was nach dem Feierabend kommt, auf das eine, was bestimmt auf ihn zukommt, **auf das Sterben und auf den Tod, bereitet er sich**

nicht vor und wird nicht darauf vorbereitet.

Seit ungefähr 50 Jahren gibt es sogar eine Sterbeforschung, die seltsamerweise von den Menschen völlig unbeachtet bleibt. Man nimmt sie einfach nicht zur Kenntnis. Wir sollten da mal reinschauen, **dann würden wir staunen!**

Unser Verstand ist ein Wunderwerk. Fast alles, was es auf unserer Erde gibt, kann er begreifen. **Wenn es jedoch um Gott geht,** dann ist es mit unserem Verstand nicht weit her. Vieles ist unbegreiflich.

Fragen sind ein erlaubter Weg zu Gott. Aber wir sollten mit derselben inneren Aufgeschlossenheit auch **auf Antworten hören.**

Was du sehen kannst, das siehe, und brauche deine Augen. Und über das Unsichtbare und Ewige **halte dich an Gottes Wort!**

Gott und seinen Nächsten zu lieben **ist die einzige wahre Religion.**

Immer wieder schickt Gott Boten in die Welt, die mit ihrem Zeugnis und Leben Mut zum Glauben machen. Sie werben nicht für die eigene Person, sie sind Wegweiser zu Jesus. Sie möchten nur seinen Namen groß machen. Auch uns kann Gott dazu gebrauchen! **Der Bote tritt zurück, es genügt ihm, Anstöße zu geben.**

Seit 2000 Jahren wird gepredigt von Gerechtigkeit, von Friede, von Liebe, von Barmherzigkeit. **Und der Erfolg?**

Wir erleben, dass Menschen am Sonntag hören und sich ansonsten total anders verhalten. Wir kennen es auch an uns selbst! Jesus ruft: „Wer Ohren hat zu hören, **der höre!"**

Wenn uns Menschen, die uns lieb und wert sind, mit denen wir zum Heiligen Abendmahl gehen, verachten und den Kontakt meiden bzw. nicht pflegen, da gilt dann, was schon geschrieben steht:

Denn nicht ein Feind beschimpfte mich, **das würde ich ertragen**, nicht ein Mann, der mich hasst, tritt frech gegen mich auf, vor ihm könnte ich mich verbergen.

Nein, du bist es, ein Mensch aus meiner Umgebung, mein Freund, mein Vertrauter, mit dem ich in Freundschaft verbunden, zum Hause Gottes gepilgert bin!
Psalm 55

Wer mit Jesus verbunden bleibt, der hört auf zu sündigen. Der gehört zu den Kindern Gottes, die mehr und mehr für das **untauglich werden, was andere verletzt, zerstört!**

Wer nicht mehr spürt, dass er geliebt wird, **hat sich weit entfernt von dem, der ihn liebt.** Das ist ein ganz trauriges Ergebnis unseres Lebens.

Glauben ist nicht in mein Belieben gestellt, sondern Verpflichtung und Maßstab für mein Handeln. Wo eine Kirche am Ort ist, wo ein Kirchturm in den Himmel zeigt, **kann keiner sagen, dass er Gottes Botschaft nicht hören konnte.**

Die uns offenbar gewordene Liebe Christi **macht uns zu Schuldnern** gegen alle, die von solcher Liebe noch nichts wissen.

Das stärkste Beweismittel zugunsten des Christentums ist ein liebevoller und liebenswerter Christ.

Das ist der ärgste Glaube, der nichts glaubt, als was ihm gefällt.

Gott wohnt, wo man ihn einlässt!

Als ich die Grenzen meines Willens erkannte und meinen Blick zur Allmacht wandte, war die Wende in meinem Leben vollendet!

Wenn Christus im Herzen wohnt, ist es unmöglich, das Licht seiner Gegenwart zu verbergen!

Das Geheimnis des göttlichen Lebens muss gelebt, **nicht erklärt werden.**

Wenn Jesus nicht auferstanden ist, so ist unser Glaube hinfällig.

Auf einen berühmten Menschen kann ich nicht meine Hoffnung im Sterben gründen. Goethe und Schiller können wir einem Sterbenden wohl vorlesen, aber er

wird es nicht mehr annehmen wollen. Aber das Evangelium, danach hat er auch im Sterben ein Verlangen.

Leben heißt: seinem Namen Ehre machen. **Geheiligt werde dein Name!**

Es bedarf der Öffnung des Herzens, **um das Wehen des Geistes zu erkennen.**

Wer Gottes Stimme hört, **der kann nicht länger schweigen.**

Wer Gott und seine Ordnungen nicht ernst nimmt, **den bestraft das Leben!**

Üb immer Treu und Redlichkeit bis an dein kühles Grab, und weiche

keinen Fingerbreit von Gottes Wegen ab!

Gibt es also einen Gott nicht, weil der Tor in seinem Herzen ge-sprochen hat: Es ist kein Gott?

Es gibt böse Worte, die haben meine Lebensweise beschwert, und es gibt viele gute Worte, die ich gerne im Herzen trage. Und es gibt Menschen, die haben mir das Evangelium gesagt.

Der Glaube ist wie die Liebe: **„Er lässt sich nicht erzwingen!"**

Raketen können auf dem Mond landen, Roboter menschliche Arbeitskraft ersetzen, Fernrohre in riesige Weiten vordringen, Computer komplizierteste Maschinen steuern,

Mikroskope kleinste Teilchen sichtbar machen.

Aber ein Gänseblümchen herstellen, das kann die Wissenschaft nicht.

Er ist ganz gewiss immer bei uns und mit uns, und wir dürfen mit ihm rechnen, wie mit Zahlen!

Was Gott uns sagt, das können wir tun! Aber die Menschen diskutieren darüber, sie vergessen, dass Gott kein Mensch ist.

Würden wir aber zuhören, wie sich`s gebührt einem Gott zuzuhören, wir würden alles verstehen!

Das sind nur einige wenige Ansätze, die meinen Glauben an Gott

begründen. Ich wollte immer alles noch mit meinem Verstand begreifen und nicht einfach nur glauben. Das hier Gesagte ist meiner Meinung nicht zu widerlegen. Als ich im jugendlichen Alter war und mich fragte: Was soll man denn glauben, es gibt so viele Religionen und so viele Parteien, da habe ich mir gedacht, lies doch mal in der Bibel und da habe ich im Neuen Testament bei Jesus angefangen und festgestellt: „Was dieser gesagt hat, konnte sich gar kein Mensch ausdenken!" Er konnte es aber nur deshalb, weil er nicht nur Mensch, sondern eben auch Gottes Sohn war. Er lebte wie ein Mensch und ist gestorben wie ein Mensch, aber er ist auch auferstanden und dann in den Himmel zu seinem Vater zurückgekehrt. Wenn das nicht so wäre und nicht wahr wäre, dann wäre unser Glaube völlig sinnlos. Zu mir sagte unlängst ein guter Freund, der mein Buch gelesen hat: „Aber mit dem Verstand ist das doch alles nicht zu erklären und möglich!" Da sagte ich: Du hast Recht! Wenn wir nur unseren Verstand zum Leben nehmen, würde das auch nicht ausreichen. Wir müssen unser Herz dazu nehmen. Stellen wir uns unser Leben ohne unser Herz vor. Es geht einfach nicht. Es wäre ein sehr nüchternes Leben und vielleicht mit wenig Moral und Anstand ver-

bunden! Wenn ich nur mit meinem Verstand das von mir Gesagte beurteilen wollte, dann käme auch ich zu dem Schluss: „Das ist alles Humbug!" Sie sehen ich bin ein sehr realistischer Mensch und durchaus nicht einfach gläubig, aber ich sage auch, man kann alles nachempfinden, wenn man sein Herz einsetzt, denn sonst wäre alles nicht nachvollziehbar. Auch unseren Verstand brauchen wir, um alles zu begreifen.

Ich habe auch Wunder gesehen, die nicht spektakulär sein müssen. Ich will es an einem Beispiel erläutern. Wenn es regnet, dann ist das für mich ein Wunder. Wer hat es nicht schon erlebt, wenn es regnet? Aber soll das ein Wunder sein? Ein Wunder ist für mich etwas, **das wir selber nicht machen können.** Wir wissen wohl, wie der Regen entsteht und wie alles zusammenhängt, aber machen können wir das nicht. Wir erleben auch den Frühling, Sommer, Herbst und Winter, wenn wir in den Garten gehen und freuen uns über alles Schöne, das wir zu sehen bekommen. Manches können wir uns auch erklären, und wir wissen es gehört viel Arbeit des Gärtners dazu alle Blumen zum Blühen zu bringen, aber dass sie blühen, das können wir nicht be-wirken. Dazu braucht es Gott, der alles hat werden lassen, **auch uns!** Wer diese Wunder nicht sehen will, dem kann man nicht helfen, **weil er alles besser weiß.**

Ich habe sogar den Stein der Weisen gefunden, wonach die Menschen ihr Leben lang suchen. Auch ich musste fast 70 Jahre werden, um ihn zu finden.

Es ist der Stein, der nicht geworfen wird. Jesus hat uns ihn gezeigt im Gleichnis mit der Sünderin.

Und das Schönste, was ich erkennen und finden durfte ist die Auferstehung Jesu und das Weiterleben nach dem Tode.

Ich bin bis zur Schwelle des Jenseits gelangt und habe Erkenntnisse gefunden, die zu wissen von hohem

Wert sind. In einer DVD, die zu meinem Buch passt, wird davon berichtet. Es kommen viele Wissenschaftler zu Wort, die der Meinung sind, dass es ein Weiterleben nach dem Tode gibt. Nur ein Wissenschaftler hält aber dagegen und sagt: Wer so etwas behauptet, müsste es auch beweisen! Darauf kann ich nur antworten: **Soll er doch beweisen und nicht von anderen fordern zu beweisen.**

Alles in allem möchte ich mit meinem Büchern zeigen, dass es einen Gott gibt und **er mir alles gesagt hat,** was ich brauche um in seine Herrlichkeit zu kommen. Das alles beruht nicht allein auf meinen Verstand, aber ich konnte alles mit meinem Verstand nachempfinden, **weil mein Herz dabei war.**

Ich wünsche allen, die das lesen, dass sie auch etwas davon erkennen, was ich zu sehen bekam. Es lohnt sich ganz sicher darüber nachzudenken!

Ich bin aber auch geistig toten Menschen begegnet, die gesagt haben: **„Die Bibel ist doch nur ein Märchenbuch!"** Sie haben sie nicht einmal gelesen, aber mit ihnen habe ich mich nicht beschäftigt und mich aufhalten lassen auf dem Weg zur himmlischen Heimat. Ich hatte immer von Gott das richtige Rüstzeug dazu und will es hier, wie es in einem Lied heißt, deutlich machen:

Einen gold` nen Wanderstab ich in meinen Händen hab`.

Aus dem Himmel ist er her, nach dem Himmel weiset er.

Dieser Stab, das ist mein Glaube, hält mich aufrecht hier im Staube!

Trennt auch Leib und Seele sich, auf ihn trau` und baue ich.

Und ein Engel freundlich mild, meines Gottes Ebenbild,

wohnt in meiner Seele still, lenket mich wie Gott es will.

Dieser Engel ist die Liebe, o, dass sie die „erste" bliebe!

Sie macht uns zu Brüdern gleich,
führet uns in Gottes Reich.

Und am Himmel, klar und rein,
steht ein Stern mit hellem Schein,

winkt und lächelt mir zur Lust, füllt
mit Wonne meine Brust.

Dieser Stern, der ist das Hoffen,
sieht von fern den Himmel offen,

führet die, die ihm vertrau` n, zu
des Himmels sel` gen Au` n.

Die Stille ist nicht auf den Gipfeln der Berge, der Lärm nicht auf den Märkten der Städte, beides ist in den Herzen der Menschen.

Zum Schluss möchte ich sagen: Gott kommt gern in den hintersten Winkel der Welt zu den Menschen. Das stimmt, aber er kommt auch zu den dicht besiedelsten Plätzen der Welt z.B. in die USA. Dort sind die Menschen reich, aber auch gläubig. An der Wallstreet regiert das Geld, Die Menschen **brauchen keinen Gott, sie vertrauen auf sich selbst! Wir wissen aber: „Geld und Konsum reichen nicht für ein Leben, Moral und Anstand gehören auch dazu."**

Das stärkste Argument ist die Feststellung, dass 10 % der Weltbevölkerung ungläubig sind. Von diesen 10 % hat ein gewisser Richard Dawkins ein Buch geschrieben mit dem Titel: **„Der Gotteswahn!".** Er sagt also: alle, die an Gott glauben sind wahnsinnig! **Es ist sehr bemerkenswert, dass es so viele Wahnsinnige gibt!**

Wenn Sie **„ ein guter Mensch mit einem guten Charakter" sind,** wenn Sie sagen: „Ich würde so gerne, aber ich kann nicht glauben!", dann rate ich Ihnen in **völliger Demut** das Neue Testament zu lesen und Jesus zuzuhören, **wie` s sich gebührt einem Gott zuzuhören.** Es ist durchaus auch nicht so, dass wir nichts sehen und anfassen können. Jesus hat gelebt, man konnte ihn sehen, hören und anfassen. **Was wollen wir eigentlich noch?**

Bleiben Sie auf der Suche und picken Sie sich nicht nur das raus, was Ihnen gefällt, denn das tun heute alle gern. Sie machen sich Ihre eigene Religion. Nur wer Gottes Wort hört und danach tut, wird auch in seine Herrlichkeit gelangen. Das ist unser ganzes Lebensziel unser Sinn auf Erden.

Helmut Dröws

Woher wissen Sie, dass Jesus lebt?

Ich weiß es, weil er in meinem Herzen wohnt! (meine persönlich Antwort)

Ich habe heute mit ihm gesprochen und er hat mir geantwortet!

Mit Jesus und dem lieben Gott rede ich jeden Tag, wenn ich bete. Die Antwort bleibt nicht aus. (meine persönlich Antwort)

Na aus der Bibel! (Am Bücherstand in der Stadt.)

Wir leben doch mit ihm alle Tage! (Kanitzsche Buchhandlung)

Ich habe ihn gesehen! Etwas lächelnd, es selbst nicht glaubend ein Mitglied der NAK.

Habe dann aber darüber nachgedacht, ob es so was gibt. Habe folgende Antwort gefunden aus einem Lied:

„Und ein weiser alter Mann kniet sich nieder, schließt die Augen **und sieht seinen Herrn!"** Eine herrliche Antwort! So geht es mir alle Tage, denn ich sehe ihn wenn ich mich vor ihm niederknie.

Pastor Horst Beckmann:

Gestern Abend fragte mich ein Landsmann, wie man beweisen könne, dass Jesus lebt. Ich konnte ihm nur schnell sagen, dass es dafür viele Beweise gäbe. Aber ein wirklich treffender Beweis sei in meiner Predigt angeführt. Wenn ein Mensch stirbt und zu Grabe getragen wird, setzt man ihm einen Grabstein für einige Jahrzehnte. Ein Grabstein für eine Leiche! Nicht mehr!

Für den auferstandenen lebendigen Jesus Christus hat man prunkvolle Kirchen und Dome gebaut in der ganzen Welt. 100 Jahre und länger hat man oft an solchen Kunstwerken gebaut. Und bitte: Wer schafft schon einen solchen Aufwand für eine Leiche? Nur für den lebendigen Jesus, der einen neuen und anderen Leib hat als wir, hat man *unbeschreiblich* viele Opfer gebracht für den Bau der

Kathedralen. Nicht nur in Jerusalem einen Grabstein!

Wenn der auferstandene lebendige Jesus Christus uns gleich wäre, könnte er nicht zugleich auf allen Kontinenten angebetet und erlebt werden. Das sei ein annehmbarer Beweis für den lebendigen Jesus Christus.

Ich glaube! Er weiß es nicht, er glaubt es. Ich glaube, **das genügt!** (Ein Priester)

Das ist doch unser Glaube! Warum soll ich daran zweifeln? Es wurde uns doch gesagt: „Er ist auferstanden!" (Ein Priester)

Fußspuren Gottes

Vor vielen Jahren ritt ein
französischer Gelehrte mit einem
Araberstamme durch die Wüste
Sahara. Es war einer von denen, die
wohl unter den Männern der Wissenschaft berühmt sind, aber den Urheber
aller Wissenschaften nicht kennt. Nur
mit Lächeln bemerkte der Franzose,
dass der arabische Häuptling der
Schar, der stets an seiner Seite ritt, zu
bestimmten Zeiten auf dem heißen
Sande niederkniete und andächtig
seine religiösen Übungen verrichtete,
Tag für Tag verging, und nie vergaß
der Araber sein Gebet, bis ihn endlich
der Gelehrte höhnisch fragte: **„Woher
weißt du, dass es einen Gott gibt?"**

Der Araber heftete einen Augenblick seine Augen erstaunt auf den Spötter und sagte dann ernst: „Woher ich weiß, dass es einen Gott gibt? Woher wüsste ich, dass ein Mensch und nicht ein Kamel gestern Nacht an meinem Zelt vorüberging? Erkannte ich es nicht an der Spur seines Fußes im Sande?"

Allerdings – war die Antwort! Dann zeigte der Wüstensohn auf die Sonne, deren letzte Strahlen über die einsame, öde Wüste leuchteten, und sagte im feierlichsten Tone: **„Das ist nicht die Fußspur eines Menschen!"**

So und nicht anders werdet ihr Ruhe finden für eure Seelen

Der Mensch macht in seinem Dasein drei entscheidende Schritte.

Der erste Schritt ist die Geburt. Der zweite Schritt ist das Hinübergehen vom Diesseits ins Jenseits. Der dritte Schritt ist der Eingang in den Hochzeitssaal.

Um aber dort hinzukommen müssen wir das Joch Jesu auf uns nehmen und ihm das Kreuz tragen.

„Nehmt auf euch mein Joch und lernet von mir, denn ich bin sanftmütig und von Herzen demütig!"

Was ist das Joch Jesu?

Das Joch Jesu bedeutet: **zuhören, annehmen und danach tun!**

Auf den ersten Blick schwer zu verstehen. Ein Joch ist doch eine Last.

Soll zuhören eine Last sein?

Die Menschen wollen nicht zuhören, erst recht wollen sie nichts annehmen, was ihre Meinung ändern könnte und schon gar nicht wollen sie etwas tun, was ihnen in belehrender Weise zur Umkehr ihres Lebenswandels gesagt wird.

Und genau das verlangt Jesus!

Deshalb betrachtet man diese Forderung als eine Last – ein Joch.

Wenn so Menschen sind, wer von
ihnen kann dann das Joch tragen?

**Dieses können nur die Sanft-
mütigen von ihnen.**

Den Sanftmütigen und Demütigen
und Barmherzigen und Geduldigen
und Friedfertigen und Leidtragenden
und die reines Herzens sind, sind auch
die Verheißungen Gottes gegeben!

Diese sollen getröstet werden. Sie
sollen Barmherzigkeit erlangen. Sie
sollen Gott schauen. Sie sollen
Gotteskinder heißen. Das Himmelreich ist ihnen.

Und darum:

„Zu lernen bleibt noch unsern Seelen
viel.

Noch nicht errungen haben wir das Ziel.

Zu manchen Opfern fehlt noch Willigkeit

Und heitrer Glaube noch zu manchem Leid

Und stille Demut noch zu manchem Glück

Und Treue noch beim flüchtgen Augenblick.

Gib mir die Hand, die meine reich ich dir.

Die Losung sei: zum Himmel reisen wir.

Der Vorsatz sei: den schmalen Pfad zu gehen.

Die Sorge sei: im Kindessinn zu stehn.

Die Freude sei: dem Herrn das Leben weihn.

Die Ehre sei: von Gott geboren sein."

Gern in alles mich zu fügen, mich der Stille still zu freu`n, ohne Worte mit Vergnügen aller Knechte Knecht zu sein, nie mit Gaben stolz zu prangen, Menschenruhm nie zu verlangen:

diese Weisheit fleh` ich mir, hocherhabner Gott von dir.

Glaubensbekenntnisse

Gib mir einen reinen Sinn, dass ich dich erblicke, einen demütigen Sinn, dass ich dich höre, einen liebenden Sinn, dass ich dir diene, einen gläubigen Sinn, dass ich in dir bleibe.

Vertrauen wir unsere guten Wünsche Gott an und seien wir nicht in Sorge, ob sie fruchtbar werden. Denn der, der uns die Blüte des Wunsches verliehen hat, **wird uns auch die Frucht der Erfüllung schenken.**

Franz von Sales (1567–1622), Bischof von Genf, Ord

Der Mensch ist nicht bei sich zu Hause, **sondern bei dem, der ihn liebt.** Gott nötig zu haben, ist des Menschen **höchste Vollkommenheit.**

Søren Kierkegaard (18131855, dänischer Philosoph,

Der große Wendepunkt in deinem Leben ist nicht die Entdeckung, dass du Gott liebst, sondern der Augenblick, in dem dir bewusst wird und du vollkommen annimmst, **dass Gott dich bedingungslos liebt.**

Anthony de Mello SJ (19311987, Priester)

Nur der Liebende findet das Leben.

Benedikt XVI. (*1927, Papst

Der Anfang alles Guten aber besteht darin, **den Namen Gottes in unserem Leben zu verherrlichen.**

Gregor von Nyssa (335-um 394, Bischof, Kirchenlehr

Töricht waren von Natur alle Menschen, denen die Gotteserkenntnis fehlte. **Sie hatten die Welt in ihrer Vollkommenheit vor Augen, ohne den wahrhaft Seienden erkennen zu können.** (Weish 13,1)

»Das Glück deines Lebens hängt von der Beschaffenheit deiner Gedanken ab.«

Mark Aurel

Über uns selber aber können wir nur erhoben werden durch eine höhere Kraft, die uns emporzieht.

Bonaventura (1221–1274), Philosoph und Theologe

Christus steht nicht hinter uns als unsere Vergangenheit, sondern vor uns als unsere Hoffnung.

Friedrich von Bodelschwingh d. J. (1877–1946

Mein einziger Wunsch ist, dass diese Worte in jeder Zelle deines Wesens widerhallen mögen: **Du bist ein von Gott geliebter Mensch!**

Henri J. M. Nouwen (1932–1996), Priester, Schriftsteller

Gott nimmt uns an, **weil er uns liebt,** und nicht wegen irgendeines Wortes,

das wir sagen, oder irgendeiner
Handlung, die wir vollbringen.

Paul Tillich (1886–1965), Theologe,
Religionsphilosoph

Wer immer bei Gott sein will, **muss
viel beten und viel lesen**. Wenn wir
beten, sprechen wir mit Gott; wenn
wir lesen, spricht Gott mit uns.

Worauf es bei uns ankommt, ist, dass
Licht in uns sei. Wo Licht im
Menschen ist, leuchtet es aus ihm
heraus.

Albert Schweitzer (1875–1965),
Theologe, Arzt

Der hat immer etwas zu geben, dessen
Herz voll Liebe ist.

Meister Eckhart (1260–1328),
Theologe, Philosoph

Er segnet, wenn du kommst und
gehst; er segnet, was du planst. Er
weiß auch, dass du's nicht verstehst
und oft nicht einmal ahnst.

Jochen Klepper (1903–1942),
Schriftsteller

Nimm es hin, dass andere anders sind:
anders denken, anders handeln, anders
empfinden, anders sprechen. **Gehe du**
den Weg, den Gott dir gewiesen
hat.

Phil Bosmans (1922–2012)

In einer Gesellschaft, in der Golgatha für eine Zahncreme gehalten wird, **wird es Zeit, wieder über Jesus zu informieren.**

Arno Backhaus (*1950), Autor

Seit Erschaffung der Welt wird seine **unsichtbare** Wirklichkeit an den **Werken der Schöpfung mit der Vernunft wahrgenommen,** seine ewige Macht und Gottheit.

Röm 1,20

Warnung vor schädlichen Einflüssen

Der einwandfreie Lebenswandel eines Christen lässt sich nicht darauf ein, dass er Wahrheit und Lüge durcheinander bringt. Entweder er liebt die Wahrheit, dann folgt er ihr, dann streitet er dafür, er kämpft für sie. Alles andere wäre der Lüge zu folgen, aber eines kann man nur, entweder man ist für das Gute, die Wahrheit oder man folgt dem Schlechten und damit der Lüge. So wie man Licht und Dunkel nicht zusammen bringen kann, denn man kann nur im Licht sein oder in der Finsternis, so gibt es auch kein dazwischen. Wir müssen uns entscheiden. Auch Glaube und Unglaube passen nicht zusammen und es gibt nur ein entweder oder! **Entweder** wir glauben **oder** wir lehnen den Glauben an Gott ab. Wir haben die Wahl! Wir müssen aber dann auch mit den Konsequenzen zufrieden sein. Ein Ungläubiger wird das Reich Gottes **niemals** erreichen. Er muss dann genauso vor der Himmelstür bleiben, wie er heute Gott und seinen Sohn vor seiner Herzenstür hat stehen lassen. Es steht also **in unserer Macht**, ob wir zu Gott gehören oder ob wir uns von ihm abwenden. Christus und der Teufel sind also nicht in Einklang zu bringen. Die Unterschiede sind zu groß als dass wir auch nur annähernd eine gemeinsame Basis finden könnten. **Unsere Entscheidung ist gefragt.** Es müsste uns eigentlich sogar ganz leicht fallen, wofür wir uns entscheiden, weil wir heute ein so großes Wissen haben, dass wir mit unserem **Verstand** diese Entscheidung treffen können. Unser

Herz aber, **gebietet uns,** dass wir uns zur Wahrheit und damit zu Gott halten. Es sagt uns mehr noch als unser Verstand, weil es empfindet, dass Gott uns liebt, dass es keinen anderen Weg gibt. Wählen wir aber dennoch unseren eigenen Weg, dann dürfen wir uns nicht beklagen, wenn dieser Weg nicht ins Himmelreich führt, sondern in die ewige Verdammnis. Deutlicher kann es uns nicht gesagt werden und niemand kann behaupten, er habe das alles nicht gewusst. **Es wurde uns alles zuvor gesagt.**

So wie ein Kind die Liebe des Vaters und der Mutter nicht nur mit dem Verstand aufnimmt, sondern mit dem Herzen fühlt, weiß es dennoch, dass es geliebt wird und wird seine Eltern wieder **lieben und durch seinen Gehorsam diese Liebe erwidern.** Anders kann es auch bei uns nicht sein. Dass wir geliebt sind erleben wir jeden Tag neu. Niemand kann am Morgen sagen, dass er aus eigener Kraft den Tag bewältigen wird. Gäbe Gott uns nicht die Luft zum atmen und uns die Gesundheit dazu, könnten wir gar nichts tun. Niemand kann seinem Leben auch nur eine Sekunde hinzufügen, es ist also Gottes Gnade, Gottes Liebe, die uns leben lässt. In einem Schlager heißt es schon: **„Nur die Liebe lässt uns leben!"** Darin liegt eine Wahrheit, die man nur aus Widerstand ablehnen kann. Das kann auch jeder halten wie er will, aber niemand kann sich einmal darüber beklagen, wenn Gott zu ihm sagen wird: **„Ich kenne dich nicht!"**

Wir sollen uns hier und heute entscheiden, ob wir Gott und seinem Sohn nachfolgen oder unsere eigenen Wege gehen wollen. Auch sollen wir uns nicht mit solchen abgeben, die der Lüge folgen, die Gott widerstreben wo immer sie auch können. Es kann keine Gemeinschaft mit ihnen geben auch heute schon. Denn Gott wird sie nicht in sein Reich einlassen, wonach wir streben. Uns aber hat er alles versprochen, wenn er gesagt hat: **„Ich werde euer Vater sein, und ihr sollt meine Söhne und Töchter sein!"** 2. Kor. 6.18 Welch eine wunderbare Zusage und Liebe spricht daraus. **Wir**

müssten ein Herz aus Stein haben, wenn wir diese Liebe nicht empfinden würden. Darum ist Gott zutiefst darüber betrübt, dass es so viele Menschen gibt, die seinem Wort nicht glauben wollen und sich ihm widersetzen. Seine Liebe und sein Liebesangebot bleibt aber dennoch für alle Menschen offen, denn er wird niemanden zurückweisen, wenn er die Gnadenzeit im Heute nutzt und sich zu ihm bekennt, **aber die Gnadenzeit geht einmal zu Ende** und dann wird es zu spät sein!

Paulus rät uns die Augen nicht zu verschließen

Noch einmal möchte ich heute darüber reden, was ich gestern angefangen habe. Es ist mir **unbegreiflich,** wie Menschen Jesus als einen Revolutionär sehen können, **obwohl sein Reich nicht von dieser Welt war.** Die Bibel als Märchenbuch zu betrachten, obwohl es ein **Liebesbrief** Gottes an alle Menschen ist, **verstehe ich keineswegs.** Und am bedauerlichsten ist es, dass dies alles von einem Menschen zu mir gesagt wurde, den ich durchaus **sehr schätze** und der sein Leben in **redlicher Weise** gelebt hat, aber dennoch an der Wahrheit vorbei geht. Als ich mich im jugendlichen Jahren mit den Weltanschauungen verschiedener Strömungen auseinander setzte, sagte ich mir: **„Es gibt so viele Parteien und Kirchen, woran soll man da noch glauben?"** Da hatte ich einen guten Gedanken, denn ich sagte mir, lies doch einmal über Jesus im neuen Testament, denn er soll doch Gottes Sohn sein. Als ich dies nun getan hatte, gab es für mich **keine andere Theorie** mehr, **denn ich wollte der Wahrheit folgen** und Jesus sagte doch: **„Ich bin die Wahrheit!"**

Dann habe ich bei großen Männern nachgelesen, die viel klüger sind als ich und ich sagte mir. **„Kann ich denn klüger sein als diese?"** Das war z.B.

Albert Schweitzer, der u. a. sagte:
**„Ich habe einen Ruf Jesu gehört
und bin ihm gefolgt!"**

„Die wahre Größe eines Menschen
besteht darin, den Geist Gottes zu besitzen und den Willen Gottes zu tun."
„Der Anfang allen wertvollen
geistigen Lebens ist der uner-
schrockene Glaube an die Wahrheit
und das offene Bekenntnis zu ihr!"
„Die höchste Erkenntnis, zu der man
gelangen kann, ist Sehnsucht nach
Friede, dass unser Wille eins werde
mit dem unendlichen und unser
Menschenwille mit Gottes Willen!"
„Aus den Gottesdiensten, an denen
ich als Kind teilnahm, habe ich den
Sinn für das Feierliche und das Be-
dürfnis nach Stille und Sammlung mit

ins Leben genommen, ohne die ich mein Dasein nicht denken kann."

Albert Schweitzer entnahm der Bibel nicht nur das Motto für sein Leben, sie war ihm Leitfaden und Kraftquell für sein Handeln. **Bin ich etwa schlauer als dieser Mann**, dass ich die Bibel als ein Märchenbuch bezeichnen könnte?

Religion nach Lew Tolstoi:

Ausdruck einfacher unwiderlegbarer sittlicher Wahrheiten, die das Leben **zwangsläufig verändern! Auf Gottes Urteil muss man Wert legen, nicht auf das der Menschen.**

Ein Arzt: „Aus meiner langen Praxis kann ich bestätigen, dass ich die größte Geduld im Ertragen von Schmerzen an christlichen Kranken-betten gefunden habe. Der Tod, vor dessen Anblick so manches geld- oder wissensstolze Weltkind ich erbeben sah, hat für die Christen seine Furcht-barkeit verloren. Es liegt etwas Welt-überwindendes, sieghaftes in dem christlichen Glauben.

Eine Religion, die den Todes-schrecken zu überwinden imstande ist, muss vom Himmel sein."

Prof. Sauerbruch: „Ohne Glück und ohne den lieben Gott, gibt es keinen guten Chirurgen!"

UN Generalsekretär Dag Hammarskjöld

Gott stirbt nicht an dem Tag, an dem wir nicht mehr an ihn glauben wollen. Aber wir sterben an jenem Tag, an dem wir das Licht aus der Ewigkeit nicht mehr sehen wollen. Es strahlt dennoch für die, die daran glauben und davon leben – **jetzt und in alle Ewigkeit.**

J. W. v. Goethe. „Ich möchte keineswegs das Glück entbehren, an eine künftige Fortdauer zu glauben, ja, ich möchte sagen, **dass alle die-**

jenigen auch für dieses Leben tot sind, die kein anderes hoffen."

Goethe erscheint als der Gipfel der deutschen Literatur. Seine Werke sind Zeugnisse einer deutschen Bildung, die mit ihm Weltgeltung erlangte. Von seinen Werken ging und geht eine erhöhende Kraft aus. Den Glauben an Gott als Schöpfer der Welt und den Menschen als sein Ebenbild hat er nie aufgegeben. Der wichtigste Gedanke des Alten Testaments ist der von Gottes Erwählung. Dass die Natur eine Erscheinung des göttlichen Lebens sei – diese Idee hat Goethe nie aufgegeben. **Bin ich schlauer als dieser Mann**

Worüber es sich lohnt nachzudenken

Es gibt viele Dinge über die wir nachdenken können und wenn wir in richtiger, tiefgründiger Weise dies tun, dann haben wir für unser Leben oft viel gewonnen. Rechtes **Denken aber lässt das Herz mitreden** und so möchte ich heute über Tugenden nachdenken und mich tiefgründig mit ihnen beschäftigen. Wenn Eltern oder Lehrer den Kindern etwas gelehrt und beigebracht haben, wird man oft hören: **„Denkt mal darüber nach!"** Das hat auch Paulus seinen Zuhörern empfohlen.

Was ist Wahrhaftigkeit?

Wahrhaftigkeit ist der unerschütterliche Glaube an die Wahrheit und das offene Bekenntnis zu ihr. Wir müssen aus tiefster Überzeugung und Ehrlichkeit nach der Wahrheit suchen und mit einem unerschütterlichen Glauben danach suchen und wenn wir sie gefunden haben, sollten wir uns zu ihr bekennen, egal welchen Anfeindungen wir ausgesetzt werden. Denn wenn einer sagt: **„Ich weiß die Wahrheit oder ich habe die Wahrheit gefunden"**, so glaubt man ihm noch lange nicht, selbst wenn er sagt, wie Jesus: **„Ich bin die Wahrheit!"** Das ist schon etwas seltsam, dass man der Wahrheit nicht folgen will und ihr widerspricht. Woran aber erkennen wir, dass wir in der Wahrheit sind? Es gibt nur eine Antwort: **„Wir sind in der Wahrheit, wenn unsere Gedanken mit denen von Gott und Jesus Christus übereinstimmen!"** Das können wir leicht überprüfen, denn wir brauchen nur in der Bibel nachlesen! Vor den Menschen gilt man als wahrhaftig, wenn man zu seinem Wort steht, aber vor Gott bedeutet wahrhaftig, **wenn man seinem Wort folgt und das ist mehr.**

Was ist ehrbar?

Ehrbarkeit ist neben der Wahrhaftigkeit eine Tugend, die man nicht kaufen kann. Ehrbar sind wir, wenn

wir gefestigt und mit aller unserer
Kraft manches meiden, was dem
Willen Gottes widerspricht. Wir
werden alles tun, was Gott zur Ehre
gereicht und dadurch selbst ehrbar.
Unser Zeugnis von Gott wird andere
beeindrucken, wenn sie unsere Ehrbarkeit erkennen, so wie wir die Ehrbarkeit von Petrus und den Aposteln
erkannt haben!

Was ist gerecht?

Kein Mensch ist vor Gott gerecht,
aber er kann Gerechtigkeit vor Gott
erlangen, wenn er Jesus Christus, der
durch sein Opfer am Kreuz für uns
gestorben ist, nachfolgt. Durch Jesu

Liebestat sind wir gerecht geworden, denn er hat ohne Sünde gelebt und aus lauter Liebe zu uns Menschen für uns alle die Versöhnung gebracht. Dafür können wir nicht genug dankbar sein.

Was ist lieblich?

Im 133. Psalm lesen wir: **„Lieblich ist` s, dass Brüder einträchtig beieinander wohnen."** Ein lieblicher Mensch besitzt auch Anmut, Schönheit, Sanftmut und Milde. Das sind alles Eigenschaften, die man an uns als lieblich ansieht. **Denken wir einmal darüber nach,** ob wir sie besitzen? Was kann es Schöneres

geben als diese Eigenschaften zu
besitzen?

Was ist Keuschheit und was ist ein Wohllaut?

Die Keuschheit ist die innere Ordnung
in jedem Menschen. Die Freude am
Reinen ist ihre Grundlage. Man kann
sie sich erarbeiten, indem wir dem
Geist der Wahrheit Gehorsam sind
und fremden Lehren unser Herz ver-
schließen. In der Welt wird heute sehr
viel angeboten, was uns von der
Wahrheit abbringen will. Halten wir
uns davon rein!

Nicht alles was wir hören, empfinden wir als wohltuend, als einen Wohllaut. Nicht nur der Klang der Töne, sondern mehr noch der Inhalt, den sie ausdrücken, bestimmt, ob etwas schön anzuhören ist. Wir wurden bestimmt schon einmal darauf aufmerksam gemacht, dass wir uns im Ton vergriffen haben und wir unangemessen geredet haben. Vielleicht wurde auch einmal zu uns gesagt: **„Aber das hätte ich nicht von dir gedacht!"** Bemühen wir uns daher immer in unserer Rede so zu sein, dass sie lieblich anzuhören ist und wir gern gehört werden. **Dann wird man uns auch glauben!**

Einer trage des Anderen Last!

Als Menschen gehört es zu unserem Leben einander **zu dienen** und viele Anstrengungen gemeinsam zu unternehmen. Wir können nicht für uns alleine existieren und das wissen wir alle sehr genau. Darum ist es geboten, dass wir einander helfen und uns beistehen, in **allen** Lebenslagen. Dafür gibt es schon Gesetze und Regeln, insbesondere die 10 Gebote, die Gott uns gegeben hat. Darin sind uns Richtlinien vorgegeben, die wir einzuhalten haben, oder aber wir geraten in Konflikt mit diesen Regeln und Gesetzen.

Der Sohn Gottes, Jesus Christus, wandelte über diese Erde vorbildlich und uns allen **zum Vorbild.** Der Herr Jesus bewies seine Vollkommenheit in der Liebe und sagte: **„Ein neu Gebot gebe ich euch, dass ihr euch untereinander liebet, wie ich euch geliebt habe, auf dass auch ihr einander liebhabet."** Joh. 13.34 Wenn wir das anstreben, ist dies die edelste Gesinnung und Tätigkeit, die uns möglich ist.

Wie war es Jesus möglich so zu leben? Er stand im **Gehorsam** zu seinem Vater im Himmel und daraus wurde ihm die Kraft ohne Sünde zu leben. Das brachte ihm den Segen Gottes ein. Nur so, wenn wir im Gehorsam zu Gott stehen, **wird das auch unser Weg werden.** Der Segen Gottes wird auch für uns derselbe sein, wie Jesus ihn empfangen hat. Diese Kraft werden wir verspüren und jeder Sünde widerstehen. Jeder Fehler, jede Schuld und Sünde **trennen von Gott und dies dürfen wir nicht zulassen.**

Was bedeutet es nun die Lasten des anderen zu tragen? Zunächst können wir bei der Arbeit helfen, bei der man einen anderen unterstützt.

In Krankheit können wir geduldig dem anderen tragen helfen, manchmal nur mit unserer Anwesenheit, ohne dass wir auch nur ein Wort sagen. Sorgen können wir mittragen, indem wir allein durch Zuhören da sind und sie lindern. Weiterhin können wir dem anderen **vergeben, aufhelfen,**

ihm Zweifel wegräumen, den Weg zu Gott weisen. All das bedeutet, des Anderen Last zu tragen. **Das alles kostet nichts,** wir geben es aus unserem Herzen und teilen die Lasten, **denn geteilte Last, ist halbe Last.**

Oft hören wir das Wort: „Ich habe keine Zeit!" **Wer Liebe hat, der hat auch Zeit!** Das ist eine wichtige Erkenntnis und wenn wir dann denken, ich habe keine Zeit, dann fragen wir uns, wo denn unsere Liebe geblieben ist. Es heißt nicht umsonst: **„Nur die Liebe lässt uns leben!"**

Es gibt so viele Gelegenheiten Lasten mitzutragen, **wir müssen nur wollen.** Wenn aber jeder nur an sich denkt, können Lasten schwer sein, denn es gibt niemanden, der sie mit trägt. Der Liebe allein ist`s möglich Lasten von anderen tragen zu helfen. Liebe ist eine Großmacht, die von Gott kommt und daher so viel bewirken kann. Ohne sie wäre es undenkbar zu leben und fremde Lasten tragen zu helfen. Alles, was uns von Gott gegeben wird, **darf uns gefallen. Niemand** ist in der Lage zu sagen, wie Gott etwas hätte besser machen können. Dennoch erlauben sich viele Menschen das zu tun. Sie fragen nur **warum und wo war Gott?** Aber auf seine Gebote, die er uns gegeben hat **achten sie nicht.** Das ist aber doch die Voraussetzung, dass uns auch geholfen wird.

Wir aber sollen wandeln, wie die Kinder des Lichts. Wo Licht ist, muss die Finsternis weichen. Jesus sagte: **„Ich bin das Licht der Welt, wer mir nachfolgt, der wird nicht wandeln in der Finsternis."**

Im Licht werden wir gesehen. **Können wir uns sehen lassen?** Ich denke schon, wenn wir tun, was Gottes Wort uns gebietet. Ich kenne keine andere Theorie, die uns den Weg in den Himmel weisen kann, aber da wollen wir doch hin. Dorthin, woher ich kam, kehre ich zurück: **In die Hände Gottes.**

Das einzig Wichtige im Leben sind die Spuren der Liebe, die wir hinterlassen, wenn wir gehen!

Es gibt nur eine „Gute Nachricht"

Was ist eine gute Nachricht? Eine ganz tolle gute Nachricht wäre z.B., dass wir im Lotto ein paar Millionen gewonnen haben. Wir könnten uns alles erfüllen, wovon wir sonst immer nur geträumt haben. Mit Geld können wir uns nun alles leisten. Wäre das nicht eine gute Nachricht? Ein Kranker würde sich über die Nachricht freuen, dass er nun wieder vollkommen gesund ist. Ein Arbeitsloser wäre froh, wenn ihm die Nachricht von einer neuen Arbeitsstelle gebracht würde. Die Reihe von guten Nachrichten würde nicht abreißen, die ich alle aufzählen könnte. Aber von solchen Nachrichten hat Paulus nicht gesprochen. Ihm geht es um etwas viel Größeres, nämlich von der Guten Nachricht, die Gott uns im Evangelium gegeben hat. Dazu sagte Jesus:

„Gehet hin in alle Welt, lehret und taufet alle, die mir nachfolgen wollen!"

Die Bibel wird auch heute als Buch **„Die Gute Nachricht!"** verkauft. Genau um die Gute Nachricht geht es, über die es sich lohnt, dass man sich mit ihr beschäftigt. Nun hat es schon zu Paulus Zeiten Menschen gegeben, die meinten, es gäbe auch andere Nachrichten über die es sich lohnt nachzudenken. Die Bibel aber weist uns **den Weg in den Himmel.** Ich kenne aber **keine** andere Nachricht, die mir den Weg in den Himmel

weisen würde. Deshalb gibt es für
mich nur **eine** „Gute Nachricht".

Alle anderen Nachrichten sind zwar
interessant, aber sie sind uns nicht
von Gott gegeben, sondern von
Menschen erdacht. Ich denke, dass
Gottes Wort es wert ist, dass man ihm
zuhört, **wie sich` s gebührt einem
Gott zuzuhören.** Er, Gott, wird was
Größeres reden, als mir irgendein
Mensch erzählen könnte. Eine andere
Gute Nachricht gibt es in Wirklichkeit
nicht, sondern **es gibt nur gewisse
Leute, die uns verwirren wollen.** Sie
wollen die Gute Nachricht von
Christus **verdrehen.** Wer dies aber
tut, der soll auf ewig von Gott ge-
trennt sein. Wir haben also die Wahl,
der Wahrheit zu folgen und sie anzu-

nehmen, oder aber dem Gegenteil der Wahrheit zu gehorchen und den Weg in die Finsternis zu gehen. **Das aber kann niemand von mir verlangen!** Darum habe ich gern und offen bekannt, so oft ich nur konnte, dass ich das Evangelium von Gott liebe und es von Herzen gern an andere weitergeben möchte. Sehr oft musste ich allerdings erleben, dass man davon nichts wissen will, aber **niemals** bin ich deswegen verachtet oder verspottet worden. Mein offenes Bekenntnis hat mir zwar keinen Ruhm und keine Ehre eingebracht, aber niemand soll sagen, der mich kennt, **warum hat er uns nichts von der Guten Nachricht gesagt, die er doch kannte?**

Es wird zwar viel über Gott und die Welt geredet, aber immer nur so zwischendurch und nebenbei, gewissermaßen zwischen Tür und Angel. Da gibt es ein paar Sätze und damit glaubt man das Thema **tiefgründig** behandelt zu haben.

Ich bin der Meinung, wenn mir da einer sagt, wie Jesus:" **Ich bin die Wahrheit!",** dann höre ich doch mal hin **und prüfe, was er alles gesagt hat.** Zu sagen, er hat vor langer Zeit gelebt oder vielleicht auch gar nicht, das trifft doch nicht den Kern. **Das geht doch an der Wahrheit vorbei.** Es ist doch unbestritten, dass Jesus gelebt hat, **wie kann man also solch ein Argument bringen,** welches überhaupt nicht stichhaltig ist? Auch alle anderen Argumente, die ich jetzt nicht aufzählen möchte, sind unbegründet und widersprechen der Wahrheit. Über die Wahrheit möchten sich viele streiten, aber **das geht nicht!** Man will, sie zwar nicht gern hören und manchmal tut die Wahrheit sogar weh, **dennoch bleibt es die Wahrheit, denn diese hat uns nur Einer gebracht, nämlich Jesus Christus, der zu uns vom Himmel gekommen ist.**

Leben ohne Tadel

Der 119. Psalm ist unter den Psalmen ein ganz besonderer. Er ist nämlich mit 176 Versen mit Abstand der längste Psalm und auch inhaltlich ein ganz besonderer. Gottes Gedanken kommen z.B. wie folgt vor: **Gottes Gesetze** 26 mal, **Gottes Gebote** 24 mal, **Gottes Befehle** und **seine Rechte** 26 mal. Die Herrlichkeit Gottes leuchtet immer wieder durch die Verse dieses 119. Psalms. Eine Besonderheit dieses Psalms besteht noch darin, dass er der Lieblingspsalm von Dietrich Bonhoeffer war. Bonhoeffer legte großen Wert darauf, dass er die Bibel **betend** gelesen hat. Leider wurde dieser große Mann hingerichtet und ist für uns früh verloren gegangen, aber wir können in seinen Spuren wandeln, **denn er liebte das Evangelium.**

Keiner von uns, auch wenn er sich noch so anstrengen würde, kann ohne Tadel sein Leben leben. Wohl aber können wir danach streben, dass es uns gelingt, so wenig wie möglich Tadel zu erregen. Wenn wir nur einmal die 10 Gebote Gottes ansehen und versuchen sie einzuhalten, dann werden wir bemerken, dass es uns keineswegs gelungen ist danach zu leben und diese einzuhalten. Oberflächlich betrachtet sind wir der festen Überzeugung, ach so schlimm ist das doch mit uns gar nicht, denn so groß sind unsere Übertretungen der

Gebote doch überhaupt nicht. Ich stehle nicht, ich töte nicht, ich rede niemanden Schlechtes hinterher usw. Wenn wir aber nun etwas genauer hinsehen, dann haben wir sehr wohl und immer wieder gesündigt.

Wie oft haben wir einem anderen **die Freude gestohlen oder den Frieden geraubt, wie oft haben wir eine Freundschaft einfach sterben lassen?**

So können wir die Gebote einzeln durchgehen und werden feststellen, dass wir kaum eines von ihnen ein-gehalten haben ohne Tadel. Ich habe es einmal für mich untersucht und festgestellt, dass ich bis auf ein Gebot alle anderen übertreten habe. Nun muss ich deshalb nicht unbedingt vor Kummer traurig sein, aber diese Feststellung lässt mich schon aufhorchen. Meine Traurigkeit hält sich aber deshalb in Grenzen, weil ich immer wieder neu zu Gott kommen darf und er wird mir vergeben. Er sagte ja:

„Kommet her zu mir alle, die ihr mühselig und beladen seid, ich will euch erquicken."

Wir dürfen auch immer wieder mit derselben Schuld zu ihm kommen, **aber wir dürfen nicht so bleiben.** Unser Bemühen ohne Tadel leben zu wollen, wird Gott sehen und belohnen, indem er **uns immer wieder vergibt**. Eine größere Erquickung meiner Seele kann ich mir nicht vorstellen.

„Wohl denen" schreibt der Psalmist. Wohl denen, **die sich mühen,** vor Gott ein rechtschaffenes Leben zu führen und die Gebote und Gesetze Gottes in ihren Alltag hinein nehmen. Allen, die sich so unter Gott stellen, **wird es wohl gehen.**

Der Psalmbeter gibt zu verstehen, dass das Leben mit Gott nicht nur und nicht wesentlich aus immer neuen An-fängen besteht. Er nennt es darum einen Wandel, ein Gehen im Gesetz Gottes. Aufgrund des gegebenen An-fangs mit einem jeden von uns ist unser Leben mit Gott ein Weg, der im Gesetz gegangen wird. Nur wer versucht den Weg im Gesetz Gottes zu wandeln, wandelt in Heiligkeit vor Gott und allezeit bei ihm in Gnade! Diesen Weg der Gnade und Heiligkeit können wir aber nur gehen, wenn wir uns in Buße ständig darum Bemühen Jesus nachzufolgen und auf das Wort Gottes achten. Das ist keine leichte Aufgabe, aber wir können sie schaffen, **denn Jesus hat es uns vorgelebt**. Er hatte allerdings viel mehr Kraft dieses zu schaffen, denn er war ja nicht nur Mensch, sondern Gottes Sohn. Da wir nun **Brüder und Schwestern in Jesus Christus** sind, wird auch Gott uns seine Gnade schenken und uns unsere Sünden vergeben.

Weiß ich den Weg auch nicht

Wie viele Wege sind wir in unserem Leben schon gegangen. Aber alle Wege führten immer wieder **nach Hause!** Wir wussten wohin wir gehörten, weil wir ein zu Hause hatten. Dorthin haben wir uns immer wieder hingezogen gefühlt und wir hätten uns nirgends sonst wohlgefühlt. Wir haben immer gewusst, was unser Weg ist. Viele Menschen haben es in ihrem Leben auch anders erfahren müssen, denn sie mussten ihr zu Hause, ihre Heimat verlassen und durften nie wieder dorthin zurück. Diese Menschen wissen, was es heißt, kein zu Hause zu haben. Leider gibt es das auch heute noch, denn Krieg und Vertreibung und auch Hunger haben nicht aufgehört in dieser Welt.

Das sind die irdischen Wege, die uns bestimmt sind und die manchmal unser Leben schwer machen. Nun gibt es aber auch den Weg, der auch über diese Erde führt, in die ewige Heimat, die im Himmel ist. Dieser Weg ist manch einem Menschen lange ver-schlossen, weil er ihn einfach nicht kennt. Wege, die in den Himmel weisen, gibt es leider zu viele, denn es gibt so viele Parteien und Religionen, so dass man schon verwirrt fragt: **„Welchen Weg soll ich gehen?"** In diesem so großen Angebot finden wir uns nicht zurecht und es ist wohl wahr, wenn es heißt: **„Weiß ich den Weg auch nicht!"** Gott aber, hat uns

nicht allein gelassen und uns den Weg
gezeigt, der uns in den Himmel führt.
Das ist nur ein Weg, ein schmaler
Weg und es gibt keinen anderen. Wie
sieht dieser Weg nun aus? Wer diesen
Weg geht, **der tut kein Unrecht!** Wer
diesen Weg geht, **der hat auch
keinen Mangel!** Er geht diesen Weg
in der Vollkommenheit.

Vollkommen, ganz, heil, unversehrt
und tadellos und ohne Mangel sein ist
das Streben der Gotteskinder. In der
Verbindung zu Gott können wir auf
dem Gebiet des Glaubens Vollkommenheit erreichen, denn dazu hat
der Sohn Gottes das Heil für uns
erworben.

Arm ist, wem es an etwas mangelt. Fehlt uns Geld, so ist das schlimm. Wir können uns kein Brot kaufen und das ist furchtbar. Das sehen wir an den Hungergebieten in der Welt. Mangel an Arbeit, Wohnung, Gesundheit und Kraft sind Nöte, die unseren Weg beschwerlich machen. **Mangel an Liebe aber drückt die Seele nieder!**

Keine Geduld haben und nicht beständig sein ist Armut. Ungeduld hält Reife und Vollendung auf. Der Mangel an Dankbarkeit vereitelt, ja tötet Freude am Seligsein. Der Mangel an Vertrauen bringt den Glauben um seine Frucht. Der Mangel an Wahrheit bringt Unklarheit und führt in Irrtümer und Fehltritte. Der

Mangel an Gottesfurcht und Demut führt zur Selbstüberschätzung **und verhindert die Gnade Gottes zu empfangen.** Der Mangel an Opferbereitschaft **bringt uns um den Segen.** Diese Mängel hindern uns auf den Weg ins Himmelreich und sind ein Unrecht, das wir meiden und verhindern sollten. Wir sollten die Wege Gottes erkennen, die mit Wahrheit, Vertrauen, Geduld, Freude, Gottesfurcht und Demut gekennzeichnet sind. Es sind eindeutige Merkmale, die wir erkennen sollten und damit auch den Weg, den Gott uns gelegt hat, kennzeichnen. Aus uns selber sind wir nicht in der Lage diesen Weg zu erkennen und zu gehen, aber Gott wird uns die Kraft dazu geben, dass wir kein Unrecht tun auf seinem Weg, den er gelegt hat.

Wer uns nun einen anderen Weg zeigen will, **der ist nicht von Gott und in der Wahrheit.** Einen Weg der das Gegenteil von der Wahrheit ist, **kann ich und will ich nicht gehen**, denn es wäre Unrecht! Unrecht ist mit Unreinheit und Schmutz vergleichbar. Wer unreine und schmutzige Wege geht, wird bald erkennen, dass diese Unreinheit und dieser Schmutz auf ihn übertragbar sind.

Reinheit muss aber unter Mühe erworben werden. Reinigen wir unsere Hände, unsere Handlungsweise, unsere Glaubenshände, sie sind Mittlerhände, führen herzu, führen zusammen, versöhnen, verbinden, heilen und segnen. Das alles erfordert Geduld.

Geduld aber stattet uns mit Würde aus. Sie lässt uns den Weg mit Gott gehen!

Gottes Gerechtigkeit

Gerechtigkeit ist nicht eine Eigenschaft Gottes, sondern **sein Heilshandeln** am Menschen, das den Sünder in die Gemeinschaft mit Gott aufnimmt **und ihm ein neues Leben schenkt.** Gerechtigkeit ist also keine Eigenschaft, keine Tugend, sondern ein Handeln. Die Gerechtigkeit nach unserem Verstand ist sehr weitläufig und vielseitig. Wir wissen, dass jeder auf seine Weise Recht haben will, d.h. **alle** haben recht! Aber schon dieser Gedanke allein zeigt wie **widersinnig** es ist, so etwas zu behaupten. **Gerechtigkeit herrscht da, wo man bereit ist der Wahrheit die Ehre zu geben.**

Wenn zwei verschiedene Meinungen aufeinanderstoßen, **dann kann nur Einer recht haben**, aber nicht beide. Gerade aber das macht es heute so schwer, weil man glaubt, dass bei einem Streit beide recht haben. **Das geht aber nicht. Entweder die *Wahrheit* gilt oder das Gegenteil.** Mit dem Gegenteil von der Wahrheit kann und will ich mich nicht anfreunden, **es wäre auch nicht recht!** Darum ist die menschliche Gerechtigkeit recht beschwerlich und man sagt nicht umsonst: **„Es gibt keine Gerechtigkeit in dieser Welt!"** Deshalb

bin ich meinem Gott und Vater mit
aufrichtigem Herzen dankbar, dass ich
seine Gerechtigkeit, sein Heilshandeln
an mir erfahren durfte und er mir ein
neues Leben durch Jesu Opfer am
Kreuz geschenkt hat.
Unser menschliches Rechtsver-
ständnis geht oft sogar soweit, dass
wir Gott häufig sein Rechtsverhalten
absprechen. Wir kommen auch zu
ihm und bringen ihm Dank. Aber was
ist das für ein Dank, wenn wir dem
Geber den schuldigen **Gehorsam verweigern?** Oft ist der abgestattete
Dank mit dem Gedanken verbunden,
dass die empfangene Gabe als ein
rechtmäßiger Besitz uns zusteht. Da
ist schon wieder das Versagen vor
Gott. Bestes Beispiel ist der Pharisäer
im Tempel, **der beim Danken nur an
sich denkt.** So will es Gott nicht.
Wahres Danken bringt mich zu Gott,

bei dem ich wahre Gerechtigkeit finde.

Gerecht ist nicht der Mensch, der sich durchsetzt, **sondern der ist gerecht, der** den Schwachen stützt, den Gefallenen aufrichtet, dem Verzweifelten hilft, der gern gibt und vergibt.

Halten wir vom Guten, das es dem Herrn und dem Nächsten zu bereiten gilt, nie etwas für zu klein: **„einen Gedanken, ein Gebet, Herzenswärme, Nahesein, ein gutes Wort, einen Brief, eine helfende Tat."** Diesen wird Gott unser Vater in seiner Treue beistehen, wenn es um Gerechtigkeit geht.

Sich nicht der Gerechtigkeit mit aller Kraft zu widmen, **ist Sünde!** Dem Gegenteil von Wahrheit zu folgen ist ebenfalls **Sünde!** Sünde aber ist ein Bewegen in die **falsche Richtung**, ein Verfehlen des Zieles. Sünde ist das, was sich **gegen** Gott richtet. Sünde besteht in der Übertretung des Gesetzes und in der Unterlassung, Gutes zu tun. Sünde macht **das Herz hart und den Willen schwach.** Die Sünde ist wie Gift, das Lähmung bewirkt und Betäubung verursacht.

So ruht die Sünde vor der Tür, und nach dir hat sie Verlangen, sprach einst der Herr zu Kain und spricht er heute zu einem jeden von uns. **Du aber herrsche über sie!** 1. Mose 4.7 Dieses Gebot ist nicht aufgehoben. Gesündigt wird nicht nur durch schlimme Taten oder schlimme Gesinnung. Die Sünde trägt auch andere Gestalt: **„Verweigern von Liebe, Gebrauch roher Worte, Einsatz rücksichtsloser Ellenbogen, oder hässliche Worte in Auseinandersetzungen.** Sündhaft ist das Nichtwollen, ebenso der Unglaube

117

sowie die Gleichgültigkeit gegen Gottes Ruf und Weisung. Unterscheiden wir daher sehr genau zwischen menschlicher und göttlicher Gerechtigkeit. Alles was in der Wahrheit ist bringt Gerechtigkeit hervor. Deshalb ist das Streben nach Wahrheit die Grundlage alles Lebens und Gerechtigkeit. Gott wird sie uns nicht vorenthalten, **wenn wir seiner Wahrheit folgen.**

„Wer weise ist, der hört zu und bessert sich und wer verständig ist, der lässt sich raten. Sprüche 1.5

Das ist auch ein guter Rat: **„Immer bedacht sein, dass die Hauptsache Hauptsache bleibt."** Dieses ist für alle Lebenslagen und –fragen ganz wichtig. **Trachten wir am ersten**

nach dem Reiche Gottes und seiner Gerechtigkeit, hat Jesus in seiner Bergpredigt geraten. Matth. 6.33
Ja, was der Geist Gottes uns sagt im Gottesdienst, in der Heiligen Schrift, durch Gottesdiener im Gespräch, **das wollen wir tun, davon wollen wir uns führen lassen.**
Wir müssen unserem Leben **das Beste geben, um das Beste von ihm zu haben.** Ein Lebensmotto von mir lautet: „**So geht auf Königswegen, wer hilft und dient und liebt!**" Das ist ein Weg, der uns viel einbringt, wenn wir ihn konsequent und in Treue gehen werden.
Fragen wir uns nun noch: „**Was schadet dem Leben?**" Das ist die Trennung von seinen Wurzeln, seinen Quellen, die Verweigerung von Schutz oder Ernährung, Krankheiten,

Gewalttaten, Unfrieden und Freudlosigkeit. Wollen wir uns stets davor hüten die Dinge zu fördern, die dem Leben schaden.

Ohne Zögern können wir auf solche Menschen hören, auch wenn sie manchmal noch sehr jung sind, aber schon eine besondere Fähigkeit an Weisheit in sich gesammelt haben, denn von ihnen können wir lernen, **auch wenn wir schon alt sind**. Es geht ja darum, dass wir unsträflich vor Gott leben wollen und dies können wir nur, wenn wir **vorgenannte Tugenden** erkennen und in ihnen offenbar werden.

An was glaubt ein Christ?

An Gott. An einen gütigen Gott, der einem verzeiht. An einen freundlichen Gott, der Gebete erhört.

Ein Christ glaubt, dass man es immer wieder versuchen muss, Gott zu fragen, ihn zu bitten und ihm zu vertrauen.

Ein Christ glaubt an die Bibel. Man muss es immer wieder versuchen herauszufinden, was einem Gott durch die Bibel sagen will.

Ein Christ glaubt an ein Jenseits. Er glaubt, dass man es immer wieder versuchen muss, über den Augenblick hinauszudenken und zu verstehen, dass Gottes Uhren anders gehen.

Ein Christ glaubt an das Gute im Menschen. Er glaubt, dass man es immer wieder versuchen muss, den andern Menschen als Geschenk oder als Aufgabe Gottes anzunehmen.

Ein Christ glaubt an Christus. Er glaubt, dass man es immer wieder versuchen muss, Christus zu fragen, ihn zu bitten und ihn in sein Leben einzubeziehen, nicht wie eine ferne Autorität, sondern wie einen nahen Bruder.

An was glaubt ein Christ nicht? Er glaubt nicht, dass die Existenz Gottes wissenschaftlich zu beweisen oder zu widerlegen ist. Er glaubt nicht, Gott sei hauptsächlich am ewigen Leben und nur beiläufig am irdischen Leben interessiert.

Glaubensbekenntnis von Leo Tolstoi (1828 – 1910)

Ich glaube an Gott, den Urquell aller Dinge. Ich glaube, dass ich in ihm bin, und dass er in mir wirkt und schafft.

Ich glaube, dass Christus den Willen Gottes so präzis, so klar und so deutlich ausgedrückt hat, wie niemand vor ihm und nach ihm.

Weiter glaube ich, dass nur die Erfüllung des Willens Gottes das wahre, dauernde Glück des Menschen verbürgen kann. Gottes Wille aber ist: dass wir unsere Mitmenschen als Brüder lieben, und genauso mit ihnen sind, wie wir wünschen, dass sie mit uns sein mögen. Es heißt im Evangelium: **„Darin besteht das ganze Gesetz und die Propheten."**

Ich glaube zum Schluss, dass es nur ein Mittel gibt, um immer bessere und vollkommnere Christen zu werden, das einsame Gebet für das uns der Herr selbst das Beispiel gegeben hat.

Denn nur das einsame Gebet kann uns unsere Verbindung mit Gott wieder zum Bewusstsein bringen, und kann uns den wahren Sinn des Lebens klar und deutlich machen.

Glaubensbekenntnis von Albert Einstein 1879-1955

Ich glaube an eine göttliche Ordnung. Ich glaube an einen Gott, der sich in der Ordnung und Harmonie alles Existierenden offenbart.

Meine Religiosität besteht in einer demütigen Bewunderung des unendlich überlegenen Geistes, der sich in dem Wenigen offenbart, was wir mit unserer schwachen, hinfälligen Vernunft von der Wirklichkeit zu erkennen vermögen.

Anette Schavan

Kinder sind keine Fässer, die gefüllt werden, sondern Feuer, die entfacht werden wollen.

Silja Walter

Wer Gott und sein Leben mit Gott wichtig nimmt, wird die sonntägliche Eucharistiefeier nicht grundlos versäumen. Hingegen scheint mir der automatische Messebesuch als Absolvierung der Sonntagspflicht, aus religiösem Sicherheitsbedürfnis, nicht weniger problematisch zu sein als Sonntagsmesse nach Lust und Laune.

Horst Tappert

Ich habe ein Verständnis zu Gott und zu Jesus. Ich habe sie nie um etwas gebeten, aber ich habe mich immer bei ihnen bedankt.

Joseph Ratzinger

Irgendwie wissen wir, dass der Mensch mehr verlangt als die paar Jahre seines Lebens. Wissen wir, dass die Liebe ein Verlangen nach Ewigkeit in sich beinhaltet. Es wäre absurd, wenn es das nicht geben würde.

Ewigkeit bedeutet: Das wir uns als Menschen an das anhalten können, was nicht untergeht, was ewig ist, an die Liebe und an die Wahrheit, was uns durch den Tod durchtragen kann, das Glück, das kein Ende, kein Zerbrechen fürchten muss.

Christus wird auf Jesus reduziert, auf einen beispielhaften Menschen. Die Gottesfrage wird weitestgehend beiseite geschoben. Es bleiben menschliche Vorbilder, bis zu Gott reicht es gar nicht hin.

Wer sich an Gott ausrichtet, der lebt auch richtig.

Franz Alt

Feindesliebe kann ja heißen: „Sei klüger als dein Feind!"

Das elfte Gebot: "Du darfst den Kern nicht spalten!"

Nur wer gegen den Strom schwimmt,
gelangt zur Quelle!

Wir müssen lernen, Widerstand zu
leisten gegen die Dinge, die falsch
laufen. Jesus hat sich nicht angepasst.
Er war nicht Schmieröl der Herr-
schenden. Er war Sand im Getriebe.
Und deshalb ist er auch am Kreuz
gelandet.

Norbert Blüm

Der in der Rentendiskussion aufge-
tauchte Satz der Jungliberalen: „Jede
Generation sorgt für sich selber", ist
Nobelpreis verdächtig. Nobelpreis für
Dummheit. Ich habe noch nie ein

Kind gesehen, das für sich selber sorgen kann.

Ich glaube nicht, dass die Menschen einfach „Global Player" sind, wie manche träumen. Sie brauchen Nachbarschaft. Sie brauchen Familie. Sie brauchen „Du", und selbst die größten technischen Errungenschaften, das Internet, ersetzt nicht die nicht stillbare Sehnsucht der Menschen nach Liebe. Die ist nie ganz stillbar. Und die wird durch kein Internet befriedigt. Im Internet kannst du nicht einmal mit einem Freund Bier trinken, geschweige denn ihm die Hand schütteln.

Hans- Dietrich Genscher

Wer seine Wurzeln kennt, der weiß, um was es geht. Wer sich seiner Wurzeln nicht bewusst ist, weiß auch nie oder nur sehr selten, wohin es gehen soll.

Erwin Teufel

Gebt jedem, der euch danach fragt, Rechenschaft über die Hoffnung, die euch trägt.

Aber wir dürfen nicht nur predigen, wir müssen vorleben.

Weltgeschichte Band 2 Seite 74

Aber der Mensch soll Gott nicht verstehen wollen, sondern sich vor ihm beugen und ihn für jeden Segen preisen.

Seite 508

Sich an Sitte und Brauch halten heißt den Einklang mit der Natur wahren. Gegen Sitte und Brauch verstoßen heißt den Rhythmus der Natur stören und Störungen heraufbeschwören.

Seite 509

Was aber den Adel des Edelmanns ausmacht, ist nicht die Herkunft allein, es muss Gesinnung hinzu-kommen.

Seite 637

Was immer die Zukunft der höheren Religionen auch sein mag, darf man unterdes, ohne zu übertreiben, sagen, dass ihr bisheriger Einfluss auf die Geschichte der Menschen das Bedeutsamste ist, was sich in der Geschichte zugetragen hat.

Der Jesus Mythos

von Peter de Rosa

Eine falsche Religion fürchtet den Fortschritt aller Wahrheit, eine wahre Religion sucht und begrüßt die Wahrheit, wo immer sie sich finden lässt.

Lord Acton (Seite 9)

Der Gott, den die meisten Christen sich beim Beten vorstellen, ist bestenfalls ein unzuverlässiger himmlischer Weihnachtsmann: Seite 25

Die Evangelien sind nicht geschichtlich im modernen Sinn, sondern mythische Erzählungen. Seite 30

Im Mythos ist Jesus von den Toten auferstanden. In der Welt verließ er sein Grab nicht. Höchstwahrscheinlich wurde er nie in ein Grab gelegt. **Die Römer warfen ihn wahrscheinlich wie alle Übeltäter über den Rand der städtischen Abfallgrube, wo er zur selben Stunde von den Geiern gefressen wurde.** Seite 47

Jesus hat keine Kirche gegründet! Seite 48

Jesus hat nicht die Taufe und die Eucharastie eingesetzt! Seite 49

Es gibt **keine absoluten** Wahrheiten! Seite 55

Der Schöpfer ruht nicht nur am Sonntag, **sondern jeden Tag.** Gottes Schweigen ist vernichtend. Er ist immer weniger zu Hause und kümmert sich immer weniger um die Welt! Seite 65

Der Priester predigt das himmlische **Nichts!** Seite 67

Der Gott, der sich **weigert zu sterben** Seite 75

Weil der Mensch **ein sprechendes Tier ist!** Seite 94

Gott ist Ratlosigkeit! Seite 97

Der Gott, der tot bleiben muss Seite 110

Einige der wichtigsten Widersprüche Seite 183

Jesus der Mensch ohne Biografie
Seite 211

War Jesus Zimmermann? War Jesus verheiratet? Jesus ein Jünger des Täufers ? Seite 215

…wenn man uns sagte, die letzten Worte Jesu seien gewesen: **„Gott, du Schweinehund!"** Seite 251

Jesus, der Mensch, **der sich irrte** Seite 255

Nun möchte ich nicht weiter aus dem Buch zitieren. Ich möchte darlegen, und wiederholen, was die Religion aus mir gemacht hat, obwohl das ganze Buch das Gegenteil behauptet.

Mit dem Verstande betrachtet ist es gut geschrieben, **aber so habe ich die Religion nicht verstanden.**

Wenn Jesus nie gelebt hat, wie kann er dann gestorben sein und gekreuzigt worden sein?

Durch das Hören auf Gottes Wort, wie sich`s gebührt einem Gott zuzuhören, wurde mir von **ihm ein reines, ein weises, ein gehorsames, ein liebendes, ein gütiges, ein fröhliches, ein geduldiges, ein demütiges, ein gläubiges und ein dankbares** Herz gegeben.

Das hat mich zu Erkenntnissen geführt, die in diesem Buch unvorstellbar sind, **aber doch wahr sind,** wie die folgenden:

„Dir soll nicht irgendwo ein weißer Hirsch oder ein Königssohn oder eine Fee begegnen, die dich reich macht. Aber du sollst Augen haben, damit du es siehst, wenn dir in deinem Leben ein Wunder begegnet!"

So möchte ich es einmal sagen! Es sind vielmehr die Aha-Effekte, denen ich gefolgt bin und habe so Gott gefunden.

Wer die Wahrheit sucht, der findet Gott und alles Gute dazu, denn Gott ist die Wahrheit!

Noch interessanter sind die Erlebnisberichte der Menschen, die an der Grenze zum Jenseits gewesen sind durch Nah-Tod-Erlebnisse und uns darüber berichten. Allerdings darf man dabei nicht unter google suchen, denn dort stehen Sachen, die unglaublich sind!

Auch sagen Menschen, Gott sollte sich doch zeigen, damit man ihn sehen kann. Das hat er ja getan, indem er seinen Sohn Jesus Christus vor vielen Jahren auf die Erde sandte, der als Mensch unter Menschen lebte. Jeder konnte ihn sehen und anfassen. Man hat ihn aber ans Kreuz gebracht! Das Neue Testament berichtet vom Leben Jesu und meine Erkenntnis daraus ist: „Das, was Jesus sagte, kann sich kein Mensch ausdenken!"

Ich weiß, dass es einen Gott gibt.

Wenn man mich nun fragen würde, woher ich denn weiß, dass es einen Gott gibt, dann würde ich antworten:

„Ich weiß es, weil er in meinem Herzen wohnt."

Gedanken über meinen Glauben an Gott

Nun möchte ich erwähnen, dass ich ein besonderes Hobby in meinem Leben gehabt habe, nämlich das Studium religiöser Literatur. Manchmal hat man mich gefragt welchen Glauben ich denn habe. Darauf habe ich scherzhafter Weise geantwortet: „Ich bin Bibelforscher".

Das bin ich aber nicht und habe auch gleich die Wahrheit gesagt warum ich mich scherzhaft so nenne

Ich habe die Bibel 4 x gelesen, das Neue Testament 6 x. Leider kann ich die Bibel immer noch nicht auswendig, das wollte ich auch nie, aber ich sagte mir, so bin ich wenigstens mit Gott in Verbindung geblieben.

Was hat mir nun mein Studium dieser Literatur gebracht? Ich kann folgendes sagen:

Ich glaube nicht an Gott!

Ich weiß, dass es einen Gott gibt!

Wenn man mich nun fragen würde, woher ich denn weiß, dass es einen Gott gibt, dann würde ich antworten:

Ich weiß es, weil er in meinem Herzen wohnt.

Der Gegentheorie zu folgen ist mir nicht möglich:

Die Entstehung des Lebens auf der Erde mit dem Zufall, einem Knall, erklären heißt, von der Explosion einer Druckerei das Zustandekommen eines Lexikons zu erwarten.

Gott begegnen wir nicht zufällig wie einem Bekannten auf der Straße!

Dem lebendigen Gott begegnen wir, wenn wir uns dem anvertrauen, **was in unserem Herzen Ja sagt zum Leben.**

Niemand bezweifelt, dass Landschaftsdarstellungen, Tierzeichnungen und anatomische Nachbildungen aus buntem Wachs Werke geschickter Künstler sind.

Wäre es denkbar, dass die **Kopien** von einer Intelligenz hervorgebracht werden, die **Originale** aber nicht?

Dieser Gedanke scheint mir der **stärkste** Beweis für eine höhere Intelligenz, und ich sehe nicht, wie man gegen ihn angehen kann.

Dauert nichts so lang in den Landen als das: „Christ ist erstanden!"

Goethe

Oft habe ich zweifelnden Menschen gesagt, die nicht oder nicht mehr an Gott glauben wollten:

„Wenn Dir der Gedanke kommt, dass alles, was Du über Gott gedacht hast, verkehrt ist und dass es keinen Gott gibt, so gerate darüber nicht in Bestürzung. Es geht allen so. Glaube aber nicht, dass Dein Unglaube daher rührt, dass es keinen Gott gibt.

Wenn Du nicht mehr an den Gott glaubst, an den Du früher glaubtest, so rührt es daher, dass in Deinem Glauben etwas **verkehrt** war, und Du musst Dich bemühen, **besser zu begreifen, was Du Gott nennst.**

Wenn ein Wilder an seinen hölzernen Gott zu glauben aufhört, so heißt das nicht, dass es keinen Gott gibt, **sondern nur, dass er nicht aus Holz ist."**

Wie einer an die Ernte glaubt, obwohl er nicht erklären kann, wie aus einem Korn zuerst ein hohes Gras und dann hundert Körner werden, sie aber doch mit Gewissheit zu ihrer Zeit erwartet, weil eben gesät ist, also, mit derselben Notwendigkeit, **darf er an das Reich Gottes glauben.**

Für die, die durch den Geist das adäquate Wissen erlangt haben, liegt das **ganze Panorama** bis zu den fernsten Ketten in Klarheit da;

Für die Unmündigen in Christo sind nur die **nächsten Höhen** sichtbar;

Für die, die im Sinne der Welt Weise sind, **ist alles mit Wolken verhangen.**

Man muss davon ausgehen, dass Wissen und Glauben nicht dazu da sind einander aufzuheben, **sondern einander zu ergänzen.**

Ich glaube an die Sonne, auch, wenn sie nicht scheint.

Ich glaube an die Liebe, auch, wenn ich sie nicht verspüre,

Ich glaube an Gott, auch, wenn ich ihn nicht sehe!

Die Wissenschaft:

Die Unsterblichkeit, was ist das? Pfaffengewäsch?

Wir dürfen zwischen unseren Tannenbrettern liegen und auf eine

**Auferstehung in Form von Wasser-
dämpfen, Kalkstoffen und anderen
Düngemittel warten.**

**Wir werden das Leben hier auf der
Erde vielleicht als blühender Busch,
als Wolke, als fruchtbarer Regen
fortsetzen.**

**Ein erhabener Gedanke, nicht
wahr?**

Es wäre doch ein bisschen wenig,
wenn wir bei Gott nicht weiterleben
würden, denn er hat Jesus Christus für
uns gesandt, damit wir **ewiges** Leben
bei ihm haben werden. **Dieses muss
man allerdings glauben.**

Jedes Jahr heißt es: „Alle Jahre wieder kommt das Christuskind auf die Erde nieder!"

Gottes Weihnacht ist voller Boten, **das Fluidum ist nicht menschlich**. Wir erleben es immer wieder, die Menschen werden friedlich!

Als Christ muss ich mich nicht sorgen um das, was kommen wird, wir müssen nicht weinen um das, was vergeht, **aber weinen müssen wir**, wenn wir dahintreiben im Strom der Zeit, **ohne den Himmel in uns zu tragen.**

Habe viele Fernsehdiskussionen verfolgt, wie z.B.

„Keine Macht den Religionen" und „Der Gotteswahn".

Es ist sehr interessant. Dort sitzen **intelligente** Leute, **aber sie begreifen leider nichts!** Es ist durchaus möglich unseren Verstand zu gebrauchen, um Gott zu verstehen, denn den hat er uns doch gegeben, um klug zu sein. Aber davon genug für heute.

Zum Schluss ein schönes Gedicht von Theodor Storm:

Vom Himmel in die tiefsten Klüfte

Ein milder Stern herniederlacht,

vom Tannenwalde steigen Düfte

und hauchen durch die Winterlüfte

und kerzenhelle wird die Nacht.

Mir ist das Herz so froh erschrocken,

das ist die liebe Weihnachtszeit!

Ich höre fernher Kirchenglocken

Mich lieblich heimatlich verlocken

In märchenstille Herrlichkeit.

Ein frommer Zauber hält mich wieder

anbetend, staunend muss ich stehen,

es sinkt auf meine Augenlider

ein goldner Kindertraum hernieder,

ich fühl`s: **ein Wunder ist geschehn!**

Not erleben wir oft theoretisch als Katastrophe der anderen. Wir sind nicht wirklich betroffen.

Würden wir nicht unseren Glauben verlieren, wenn uns Böses zustöße?

Aus dieser Perspektive heraus verklagen wir Gott.

Bemerkenswert ist, dass Menschen in Not Gott suchen. Sie verzweifeln an der Welt, nicht an Gott.

Wenn das Wasser nach einem Regen durch die Rinnen vom Dach fließt, sieht es aus, als komme es aus dem Regenrohr, aber eigentlich fällt es vom Himmel.

Genauso verhält es sich mit der Predigt. Es sieht aus, als würden kluge Männer reden und ihre Lehre verbreiten, aber in Wahrheit kommt das Wort vom Himmel, von Gott!

Da Sie, ein intelligenter Mensch sind, habe ich mir erlaubt ein paar gute Gedanken über meine Beziehung zu Gott zu äußern.

Ein kluger Mensch weiß damit etwas anzufangen und ich habe die Erfahrung in meinem Leben gemacht, dass mich niemand wegen meines Glaubens angefochten hat.

Hier weitere wichtige Aha Effekte:

Warum ärgern sich immer neue Generationen an Jesus? Weil er die Wahrheit ist. Ihm kann man nicht ausweichen. Wir könnten auch fragen: **Warum finden immer neue Generationen zu Jesus?** Und müssten ebenso antworten: Weil er die Wahrheit ist!

Wie finden wir den Weg zu Gott?

Viele Stimmen versprechen uns, den richtigen Weg zu zeigen. Aber nicht alle sind verlässliche Wegweiser. Manche weisen uns den Weg der Gleichgültigkeit: Keine Sorge –

irgendwie kommen wir ja doch alle in den Himmel.

Andere fordern uns auf, durch Einhaltung genauer Regeln den Himmel zu verdienen. **Doch alle diese Wege sind Holzwege.**

Der Weg zu Gott führt allein über Jesus Christus! Die richtigen Führer (Wegweiser) erkennen wir an ihren Früchten.

Es ist bemerkenswert, dass der Mensch sich auf alles vorbereitet oder darauf vorbereitet wird. Auf Schule und Beruf, auf Dienstreise und Urlaub, auf Ehe und Kinderkriegen, auf den Feierabend als Rentner. Nur auf das, was nach dem Feierabend kommt, auf das eine, was bestimmt auf ihn zukommt, **auf das Sterben und auf den Tod, bereitet er sich nicht vor und wird nicht darauf vorbereitet.**

Gott ist nicht nur zornig über die, die den großen Weltfrieden stören, sondern auch über die, die ihren Nächsten nicht lieben, ihm nicht helfen, wo er Hilfe braucht, ihn nicht besuchen, wenn er krank ist, ihn nicht trösten, wenn er traurig ist, ihm nicht aufhelfen, wenn er gestrauchelt ist, ihn nicht warnen, wenn er auf Irrwegen geht.

Wer damals dachte: Von diesem Mose lass ich mir nichts sagen, er

ist auch kein besserer Mensch als ich, wenn er spricht, bleibe ich im Zelt, der hörte Gottes Stimme nicht.

Und wer heute denkt: Vom Pastor lasse ich mir nichts sagen, er ist auch nur ein Mensch, und wenn er predigt, dann bleibe ich zu Hause, der hört Jesu Stimme nicht:

"Kommet her zu mir Alle!"

Freut sich Gott über uns, dann ist es nicht so wichtig, was Menschen von uns halten.

Es ist seltsam, dass wir das meist nur bei den anderen sehen: Da ist jemand vier Wochen krank und empört sich über die Lieblosigkeit der Menschen, die ihn nicht besuchen, aber darüber, dass er vierzig Jahre lang sich nie um einen Kranken gekümmert hat, **darüber regt er sich nicht auf.**

Warum leugnen so viele in unseren Tagen das Dasein Gottes?

Warum erklären so viele heutzutage, dass es gar keinen Gott gäbe? Bei vielen ist dieses der Grund: sie haben Ursache ihn zu fürchten. Ihr Leben stimmt nicht mit seinem Wort und Willen überein. Sie tun, was Gott verboten hat. Da setzen sie ihn einfach ab. Da erklären sie ihn einfach für tot. Damit meinen sie, ihr Gewissen zur Ruhe bringen zu können. Sie wünschen, es gäbe

keinen Gott. Aber ihr Gewissen sagt ihnen, es gibt doch einen.

Warum wird die Bibel so angefeindet und verfolgt? Warum freut man sich so, wenn von der Wissenschaft irgendein scheinbarer Beweis gegen die Glaubwürdigkeit und Echtheit der Bibel beigebracht wird? Warum hasst man die Bibel so? **Weil sie uns die Wahrheit sagt. Weil sie uns bezeugt, dass Gott uns kennt, und mit unserem Leben nicht einverstanden ist.**

Viele Kinder Gottes machen einen Fehler. Sie beten wohl am Morgen und befehlen sich der Gnade Gottes und bitten den Herrn um seine Leitung, **und dann gehen sie doch**

auf eigene Faust in das Tagwerk hinein.

Denke dir, da steht ein großes Glas, gefüllt mit Honig. Nun schlage einmal gegen das Glas, dass es ein Loch gibt. Was kommt dann heraus? Essig? O nein. Honig kommt heraus. Nichts als Honig. Ja, wie ist das denn? Nun, das Glas ist voll Honig, Nun kommt natürlich das heraus, was drin ist. Auch bei der schlechtesten Behandlung. Wenn du dich füllen lässt mit Liebe, und du wirst dann schlecht behandelt, gestoßen, gekränkt und beleidigt, was kommt dann bei dir heraus? Gift und Galle? **Nein, Liebe!** Füllt die Liebe Gottes unser Herz, dann können wir gar nicht anders als

lieben, auch bei der schlechtesten
Behandlung.

Als im Jahre 1912 die Titanic unter-
ging, riss sie viele mit in den Tod.
Und wir fragen uns, warum denn Gott
solche Katastrophen zulasse. Es gibt
keine Antwort! **Vielleicht doch!**

Aber manchmal hören wir Gegen-
fragen: Warum drückt ihr euch um
eure Verantwortung? Warum habt ihr
gemeint, ihr müsstet einen Ge-
schwindigkeitsrekord aufstellen?
Warum seid ihr Seeoffiziere allen
Warnungen zum Trotze so weit im
Norden gefahren? Ihr Ingenieure
warum habt ihr so wenig Rettungs-
boote eingeplant? Ihr Schiffsbauer
warum habt ihr auf der Werft den

Schiffsbauch beschrieben mit den Losungen:

„Kein Gott – kein Papst" und „selbst Christus" kann sie nicht zum Sinken bringen?"

Auch Gott stellt Fragen! Er fragt auch warum!

Wer auf Jesus hört, vernimmt Gottes Stimme. **Woher weiß ich, dass es wirklich Gottes Stimme ist? Antwort:** Wer sein Wort tut, wird keine Sünde tun!

Wer nur sich selber hört, hört Gott nicht!

Gott beugt sich zu euch herab, **also müsst ihr euch nicht groß machen!**

Viele gleichen einem Menschen, der einen Anruf bekommt, auch den Hörer abnimmt, den Anrufenden sich melden lässt, aber selber stumm bleibt und stillschweigend den Hörer wieder auflegt. Nicht wahr, das wäre ein unmögliches Verhalten! Dies würden wir gegenüber einem Menschen nicht tun. Aber Gott gegenüber erlauben wir es uns offenbar immer wieder. Wir nehmen seinen Anruf nicht ernst, sind nicht mit unserem **„Hier bin ich!"** zur Stelle. Und dann wundern wir uns noch, **wenn er uns kein Gesprächspartner wird, sondern schließlich ganz schweigt.**

Er ist ganz gewiss immer bei uns und mit uns, und **wir dürfen mit ihm rechnen, wie mit Zahlen!**

Eine Katze, die im Mittelalter in einem Bauernhof auf Mäusejagd ging, unterscheidet sich kaum von einer Katze in unseren Tagen. Auch die wildlebenden Tiere haben keine Veränderung oder Fortentwicklung erfahren. Nur der Mensch hat sich weitergebildet und gelernt, sich mehr und mehr die von Gott gegebenen Naturgesetze zu Nutze zu machen.

Was Gott uns sagt, **das können wir tun!** Aber die Menschen diskutieren darüber, sie vergessen, **dass Gott kein Mensch ist.**

Die Frage, ob ein Schöpfer und Regierer des Weltalls existiert, ist von den größten Geistern, welche je

**gelebt haben, bejahend beant-
wortet!**

Christus war kein Dogmatiker.
Nirgends verlangt er von seinen
Hörern, **dass sie ihr Denken dem
Glauben opfern.** Im Gegenteil, **er
heißt sie über Religion nachdenken!**

**Suche Gott und du findest Gott und
alles Gute dazu!**

**Man mag über den großen Fisch,
von dem Jonas verschlungen
wurde, denken, wie man will.
Jedenfalls gibt es solche Fische auch
noch heute:**

**Am 6. Oktober 1958 verendete auf
Sumatra ein großer Hai. Aus
seinem Inneren wurde ein Fischer**

mit Namen Bajueun befreit, zwar völlig erschöpft, aber noch lebend, der zuvor auf See verunglückt und von dem Hai verschlungen worden war.

Glauben ist nicht in mein Belieben gestellt, sondern Verpflichtung und Maßstab für mein Handeln. Wo eine Kirche am Ort ist, wo ein Kirchturm in den Himmel zeigt, **kann keiner sagen, dass er Gottes Botschaft nicht hören konnte.**

Der stolze Pharisäer

Er bedurfte nichts, deshalb erhielt er auch nichts!

Gott verlangt nie von uns, dass wir etwas glauben sollen, ohne uns auch eine genügende Grundlage für unseren Glauben zu geben. Die, welche nach Zweifeln suchen, **werden dazu Gelegenheit finden,** während solche, die von Herzen nach der Wahrheit forschen, **hinreichend Beweise finden werden, auf welche sich ihr Glaube stützen kann.**

In jedem seiner Kinder sendet Jesus der Welt einen Brief!

Christen sind dazu bestimmt, **Licht-träger** auf dem Wege zum Himmel zu sein.

Wenn Gott Menschen zu seinem Dienst erwählt, so fragt er nicht, ob sie Gelehrsamkeit, Beredsamkeit oder weltliche Reichtümer besitzen. Er fragt: Wandeln sie in solcher Demut, dass ich sie meine Wege lehren kann? **Kann ich meine Worte in ihren Mund legen? Werden sie mich darstellen?**

Es gilt nicht mehr der Satz: Denn sie wissen nicht, was sie tun. **Heute muss es heißen: Sie tun nicht, was sie wissen!**

Die gefährlichste List des Teufels besteht darin, uns zu überzeugen, dass es ihn nicht gibt.

Die Gesetze des Lebens sind sehr einfach:

Was wir geben, wird auch uns gegeben. **Was wir über das Leben glauben, verwirklicht sich für uns. So einfach ist es.**

Da wir nun erkennen, wie groß das Universum ist, ist es da nicht fast ein Zeichen von Dummheit zu glauben, dieser winzige Raum der Menschheit sei der einzige Sitz des Bewusstseins und der Vernunft im Universum? **Ist das nicht nahezu absurd?**

Geh in den Gottesdienst und hör auf das Wort Gottes, **und halt dann nicht den Mund!**

Leben heißt: seinem Namen Ehre machen. **Geheiligt werde dein Name!**

Es bedarf der Öffnung des Herzens, um das Wehen des Geistes zu erkennen.

Wer Gottes Stimme hört, **der kann nicht länger schweigen.**

Gibt es also einen Gott nicht, weil **der Tor** in seinem Herzen gesprochen hat: Es ist kein Gott?

Die Welt hat sich auf die Begriffe Rechts und Links versteift und dabei vergessen, dass es auch ein **Oben und Unten** gibt.

Ich könnte mir vorstellen, dass ein Mensch auf die Erde hinabschaut und behauptet, es gäbe keinen Gott. Aber es will mir nicht in den Sinn, **dass einer zum Himmel aufschaut und Gott leugnet.**

Man hat einen Menschen noch lange nicht bekehrt, **wenn man ihn zum Schweigen gebracht hat.**

Vor Gott muss man sich beugen, weil er so groß ist, vor dem Kinde, weil es so klein ist!

Wir dürfen nicht fragen: Entsprechen unsere heiligen Texte den Zuständen der Welt? Ist die Bibel also zeitgemäß? Unsere Frage muss lauten: Entspricht die Welt in

ihrem Zustand der Bibel? Ist die Welt Bibelgemäß?

Ein englischer Bischof wurde einmal gefragt: Was würden sie tun, wenn ich ihnen mathematisch beweisen könnte, dass Gott nicht existiert? Er antwortete: Nun, dann würde ich geduldig warten, bis sie ihren Rechenfehler entdeckt haben!

Fast alle haben sich die Frage, warum es so viel Leid auf der Welt gibt, schon gestellt, ohne eine endgültige Antwort zu bekommen.

Wir sollten uns eine andere Frage stellen: **„Wenn es einen Gott gibt, was sagt er darüber?"**

Und weil Gottes Gebote missachtet werden, setzt sich das Böse überall durch.

Gott will uns nahe sein, wenn wir uns am Ende fühlen. **Fürchte dich nicht!**

Diese Worte stehen **365** Mal in der Bibel, **also so viel Tage das Jahr zählt.**

Je weniger Erkenntnis ein Mensch besitzt, je ferner fühlt er sich von Gott. Albert Einstein

Ein großer Mann ist der, dessen Leben den Beweis liefert, dass er von Gott in seinem Streben gelenkt wurde.

Die wahre Weisheit sucht immer Gott! Die höchste Weisheit ist die Kenntnis Gottes.

Komisch, dass ein Euro nach so viel aussieht, wenn du ihn der Kirche gibst, aber so wenig, wenn du damit einkaufen willst.

Hände, die teilen, erzählen von Gott.

Komisch wie lange es dauert, Gott für eine Stunde zu dienen, aber wie schnell 60 Minuten bei unserem Hobby vergehen.

Komisch, wie schwer es ist, die gute Nachricht weiterzugeben, aber wie leicht es ist, den neuesten Klatsch und Tratsch weiterzuverbreiten.

Komisch, wie wir der Zeitung glauben, aber in Frage stellen, was die Bibel sagt.

Immer wenn ich glücklich bin, klingt ein kleines Lied in mir und ich flüstere:

Gott ich danke dir!

Wer Gott sucht, der findet Freude!

Der Mensch bringt sein Haar täglich in Ordnung, **warum nicht auch sein Herz?**

Gott verliert seine Freunde nicht aus den Augen.

Das Vaterunser hat 56 Wörter, die zehn Gebote haben 297. Aber die Verordnung der EG-Kommission über den Import von Karamellen und Karamellenprodukten zieht sich über **26911 Wörter hin.**

Nichts soll dich beunruhigen, nichts ängstige dich. Wer Gott hat, dem fehlt nichts. **Gott allein genügt!**

Erbitte Gottes Segen für deine Arbeit, **aber erwarte nicht, dass er sie auch für dich tut.**

Wer ist ein Mann? Wer beten kann und Gott dem Herrn vertraut!

Millionen Menschen beten täglich zu Gott, ihnen ihren Willen zu erfüllen.

Aber nur wenige sind bereit, den Willen Gottes zu erfüllen.

Wenn wir recht denken, sind wir in Gott. Wenn wir recht leben, ist Gott in uns!

Gott fordert von keinem Mann, dass er mehr tut als er kann.

Ich glaube an Gott, wie ein Blinder an die Sonne glaubt, nicht weil er sie sieht, sondern weil er sie fühlt.

Denken wir daran, dass **alles** in der Hand Gottes liegt.

Alles aus Gottes Hand nehmen, alles in Gottes Hand legen und alles in Gottes Hand lassen!

Gott hört nicht auf uns zu lieben!

Den Aufrichtigen lässt es Gott gelingen!

Eines ist gewiss: ich gehöre Gott, weil ich weiß, dass Christus für mich gestorben ist!

Wie die Sonnenblume sich zum Lichte dreht, **so soll deine Seele sich ihrem Gott zuwenden.**

Gott ist immer unterwegs zu den Menschen, **man muss nur herein sagen**, wenn er anklopft.

Die ganze Natur deutet die künftige Auferstehung an. Die Sonne versinkt und geht wieder auf. Die Sterne versinken und kehren wieder. Die Blumen verwelken und erblühen. Die

Sträucher bekommen stets wieder junges Laub.

Ein Gedanke lenkt dein Leben nur dann in die richtige Bahn, **wenn er Antworten auf die Fragen deiner Seele gibt.**

Die christliche Lehre ist **so einfach, dass sogar ein kleines Kind** ihren Sinn versteht.

Vollkommenheit ist **ohne Demut unmöglich.**

Eine religiöse Erziehung ist die Grundlage **jeder Bildung.**

Wenn die Sonne deine Augen blendet, sagst du nicht, es gäbe keine Sonne. Sage also auch nicht, es gäbe keinen

Gott, **wenn der Versuch ihn zu erkennen, dich verwirrt.**

**Die Menschen wünschen sich Un-
sterblichkeit aber wissen nichts anzufangen an einem verregneten
Sonntagnachmittag.**

**Gott spielt bei mir keine Rolle, er
ist der Regisseur!**

Das Gebet ist die mächtigste Form der
Energie, **die wir ausstrahlen.**

**Warum die Gottlosen die Gottes-
fürchtigen hassen: Der Mensch
erträgt es nicht, wenn Gottes Hand
sich sichtbar macht in seines-
gleichen. Der Mensch hat auch den
Heiland deshalb gekreuzigt.**

Wenn die Diener Gottes versagen, muss man das nicht gleich Gott anlasten!

Unser Angesicht ist der Spiegel der Herrlichkeit, die wir geschaut haben.

Wenn ich nicht von Zeit zu Zeit still bin, überhöre ich, was das Leben von mir will und erwartet.

Zufall ist ein Wort ohne Sinn. Nichts kann ohne Ursache existieren!

Gott sucht bei uns keinen Erfolg, **er** sucht Frucht.

Ich glaube nur, was ich sehe. Welch ein Unsinn! Was ich sehe, sehe ich und brauche es nicht zu glauben.

Die Wissenschaft hat herausgefunden, **dass nichts spurlos verschwinden kann.** Die Natur kennt keine Vernichtung, nur Umwandlung. Wenn nun Gott dieses fundamentale Prinzip gebraucht, wenn es um den kleinsten und unbedeutensten Teil des Universums geht, ist es dann nicht ganz logisch, dass er dieses Prinzip auch gebraucht, wenn es um das Meisterstück seiner Schöpfungstätigkeit geht, nämlich um die Seele des Menschen? Das, glaube ich, tut er.

Wernher von Braun

Kinder macht euch das Leben schön, kein Jenseits gibt's, kein Wiedersehen!

So lautet die Devise, mit der Gedanken an ein Leben nach dem Tod abgewiesen werden, in ihrer primitivsten Form.

Vater, schenke uns ein Wort für unser Herz, aber auch ein Herz für dein Wort.

Es könnte geschehen, dass wir uns mit den Mitteln der Unterhaltungselektronik ganz unmittelbar den **Tod der Seele in die Ohren plärren.** Pflanzen hat man ja damit schon umgebracht.

Welchen Glaubens ein Mensch ist,
das bestimmt auch sein Verhalten.

**Weshalb es den Menschen nicht gut
gehen kann:**

Warum übertretet ihr die Gebote des
Herrn? Das bringt euch kein Glück,
denn weil ihr den Herrn verlassen
habt, wird er euch auch verlassen! 2.
Chronik 24.20

**Nach einem Vortrag über das
Verhältnis von Raum und Zeit
sagte ein Zuhörer zu Albert
Einstein:**

**„Nach meinem gesunden
Menschenverstand kann es nur das**

geben, was man sehen und überprüfen kann!"

Einstein lächelte und antwortete:

„Dann kommen sie doch bitte mal
nach vorne und legen sie ihren
gesunden Menschenverstand hier
auf den Tisch!"

Man kann wohl in einer chemischen
Fabrik ein Blatt oder einen Grashalm
aus den verschiedensten chemischen
Teilen zusammensetzen. Aber eines
kann kein Chemiker und kein
Ingenieur, nämlich bewirken, dass
dieses gemachte Blatt oder dieser
Grashalm **wächst.**

Töricht ist, wer Gott aus seinem Werke nicht erkennt. Römer 1

Gottesbegegnungen der Seele vollziehen sich in der Stille und Einsamkeit. „Wenn ihr stille würdet, könnte euch geholfen werden. **Aber ihr wollt ja nicht stille sein!"**

Wir können Gott mit dem Verstande suchen, aber finden können wir ihn **nur mit dem Herzen.**

O Freund, der Mensch ist nur ein Tor, stellt er sich Gott als seines Gleichen vor.

J.W.von Goethe

Er hatte nie davon gesprochen

Ein Plantagenbesitzer im Süden der Vereinigten Staaten hatte einen gläubigen, gottesfürchtigen Neger-sklaven. Als sein Herr starb, sagte man dem Sklaven, dieser sei in den Himmel eingegangen. Aber der alte Neger schüttelte den Kopf und er-widerte: „Ich fürchte, Massa ist nicht dorthin gegangen." „Aber warum denn nicht, Benjamin?", fragte man ihn. „Wenn Massa zur Badekur gehen oder in den Norden verreisen wollte, pflegte er lange Zeit im Vor-aus davon zu reden und Vorbe-reitungen zu treffen. Aber ich habe ihn niemals davon sprechen gehört, dass er in den Himmel gehe, noch habe ich bemerkt, dass er sich vorbereitet hatte, dorthin zu gehen."

Wie werden wir entfliehen, wenn wir eine so große Errettung vernachlässigen? Hebr. 2.3

Höre nicht was Menschen sagen, tue ruhig deine Pflicht. Gott wird nicht die Menschen fragen, wenn er dir sein Urteil spricht.

Wir kennen die Argumente der Zweifler. Sie lauten: **Es kann keinen Gott geben. Die Kriege und Katastrophen würde er nicht zulassen. Und wenn es ihn gäbe, würde er mir nicht ein so schweres Schicksal auferlegen.**

Zunächst klingt es einleuchtend, Gott
als den Verhinderer alles Bösen anzu-
sehen. Aber wird Gott hier nicht als
der große Diktator angesehen, der in
die Geschichte der Welt ebenso hin-
einregiert wie in mein persönliches
Leben?

**Ich würde mich doch gegen eine
solche Bevormundung wehren,
wenn es um meine eigenen Entscheidungen geht!**

Ist Gott wirklich verantwortlich für
das Böse, das Menschen einander
antun? Wollen wir ihm vorwerfen,
dass er uns die Verantwortung für die
Welt und unser Leben gegeben hat?
Und ihm, wenn wir damit nicht

zurechtkommen, die Schuld an allem Verfehlten in die Schuhe schieben?

„Gott präsentiert seine Rechnung nicht immer schon im Oktober!"

Der Herausgeber einer Tageszeitung in den USA bekam in der Herbstzeit folgende Zuschrift eines reichen Farmers, der überall als Spötter und Gottesleugner bekannt war:

„Sehr geehrter Herr! Es ist jetzt Oktober, und die Ernte ist eingebracht. Dieses Jahr habe ich einen Versuch unternommen, der Sie und die Leser Ihrer Zeitung sicher interessieren wird. Im Frühjahr habe ich jeden Sonntag gesät, anstatt in die

Kirche zu gehen. Während des Sommers habe ich jeden Sonntag auf dem Feld gearbeitet, während auf den andern Farmen geruht wurde. Und jetzt im Herbst habe ich jeden Sonntag geerntet und gepflügt. Meine Ernte ist wesentlich besser und ergiebiger als die Erträge aller meiner Nachbarn, die nur wochentags gearbeitet haben und jeden Sonntag in der Kirche waren. **Was sagen Sie nun dazu?"**

Der Herausgeber der Zeitung veröffentlichte diesen Brief in der nächsten Ausgabe seines Blattes, und unter diesen Brief schrieb er als Kommentar lediglich: „**Gott präsentiert seine Rechnung nicht immer schon im Oktober!"**

Warum wir Gott am Sonntag nicht irgendwo im Wald oder der Natur entdecken?

Und wenn mich ein Spaziergang im Wald noch so locken würde, er wird doch nie auch nur annähernd die Qualität eines Gottesdienstes, der doch „die wichtigste Veranstaltung der Welt ist", haben.

„Blühende Landschaften"

hatte Gott durch Jesaja dem aus der Babylonischen Gefangenschaft heimkehrenden Volk versprochen. Sogar der zerstörte Tempel durfte wieder errichtet werden. Nun ging es nach Jahren des Exils wieder aufwärts, aber

leider nur in den äußeren Lebens-
bedingungen. Wirtschaftlicher Aufbau
war gefragt, aber nicht so sehr das
Verhältnis zu Gott.

Hand in Hand mit dem neuen Auf-
schwung erfolgte eine **Verrohung
der Gesellschaft,** die auf nichts mehr
Rücksicht nahm. Auch wenn auf den
ersten Blick die Gottesdienste über-
füllt waren, so wurden **die Herzen**
des Volkes Israel nicht von Gottes
Liebe und Fürsorge für den Nächsten
beherrscht, sondern ausschließlich
durch das egoistische Vergrößern des
eigenen Machtbereiches. **„Haste was,
biste was!"** Da stimmt auch nichts
mehr, **Menschlichkeit war ein
Fremdwort, der Glaube nur ein
Mittel zum Zweck.**

Gottesfurcht und Betrug, sind nicht miteinander zu vereinbaren.

Interessant, dass alle wussten, dass sie auf der ganzen Linie gegen Gottes Weisungen und Gebote verstießen.

Heute finden wir fast eine gleiche Lebenssituation: Menschen haben überhaupt kein Unrechtsbewusstsein, es ist schon selten, wenn sich jemand dicht an der Wahrheit hält, seine Ehrlichkeit auch dann lebt, wenn er dadurch deutliche Nachteile in Kauf nehmen muss.

Würde Jesaja heute leben, hinein in die Strukturen von Politik und Wirtschaft, hinein in den familiären und privaten Bereich, hinein in unsere

Gottesdienste sehen, **würde er uns loben?**

Die damals herrschende Unge-rechtigkeit hatte auf Dauer keinen Bestand, auch wenn sie sich auf den ersten Blick auszuzahlen scheint.

Gott kann mal zu solchen Aus-wüchsen schweigen, aber das be-deutet nicht, dass er nicht davon Kenntnis genommen hat und Konsequenzen zieht.

In der Natur ahnen wir Gott. In den Büchern suchen wir Gott. Im Gebet finden wir Gott.

Deine Worte können wie eine Umarmung sein

Manchmal verlangt die Ehrlichkeit, dass du jemanden etwas sagst, was er nicht gerne hört. Aber selbst Worte, die wehtun, kann man in Liebe aussprechen.

Wenn die Worte, die du redest, **dem Besten deines Mitmenschen dienen und nicht dazu, dich auf ein moralisches Podest zu heben,** sind sie wie eine liebe Umarmung, die Kraft gibt und doch behutsam ist.

Warum glaubst du nicht an Gott?

Es geht nicht mehr seit dem Krieg und den Konzentrationslagern und den

fünfzig Millionen, die im Krieg um-
kamen. Sie können mir sagen, was sie
wollen. Ein Gott, der so etwas zulässt,
kann es entweder nicht verhindern
oder er will es nicht verhindern. In
einem Fall ist er ein armer, hilfloser
Idiot, im anderen ein Verbrecher.

Das ist sehr schlimm, was du da sagst.
Ich weiß! Aber so ist es nun einmal
mit mir.

Glaub nicht an ihn, wenn du nicht
kannst, aber beschimpfe ihn nicht,
bitte!

**Wir können auch so vieles nicht
verhindern, was böse ist, und deshalb sind wir doch keine Idioten
oder Verbrecher.** (Bitte lasst die
Blumen leben Seite 249)

Paulus hatte den Herrn gesehen. Und da soll es keine Auferstehung geben?

Ist der Anspruch Jesu, Gottes Sohn zu sein, angemaßt, wie seine Gegner sagen oder anzuerkennen ?

Alle vier Evangelien bezeugen diesen Anspruch. Modernen Menschen mag er fremd sein, obwohl das Bibelwort „Sohn", das die unmittelbare Gottes-beziehung Jesu ausdrückt, allgemein verständlich ist. Johannes sieht im Wirken Jesu einen Hinweis auf sein Wesen. Was er tut und z.B diesem vereinsamten Gelähmten getan hat, **hat er von Gott gelernt.**

Mir fällt dabei der jahrhundertealte Brauch bei Handwerkern ein: Der

Sohn ging beim Vater in die Lehre und ließ sich von ihm zeigen, wie man handelt.

Nur wenn der Sohn sich das bewährte Alte bewusst aneignete und der Vater ihm zugleich die Freiheit zur Weiterentwicklung gab, war diese Zusammenarbeit nützlich und gut.

Ein Gläubiger ging zum Haarschneiden zu einem Friseur, der nicht an Gott glaubt. Der Gläubige wollte für seinen Glauben kämpfen und diskutierte mit dem Friseur. Schließlich sagte der Friseur: „Es gibt keinen Gott. Wenn es Gott gäbe, dann würde er nicht zulassen, dass Menschen

einander hassen, einander Gewalt antun und einander töten!"

Der Gläubige erwiderte darauf nichts.
Er ging nach draußen zu einem Mann
mit langen Haaren und Bart. Mit dem
kam er in den Friseurladen zurück
und sagte: „Es gibt keinen Friseur auf
dieser Welt. Wenn es welche gäbe,
würden sie nicht zulassen, dass ein
Mann mit so langen Haaren und Bart
herumläuft!"

Der Friseur sagte: „Das liegt doch nur
daran, dass der Mann nicht zu mir
kommt. Ich würde ihm die Haare
schon schneiden."

Da sagte der Gläubige: „Siehst du?
Was du beklagst, liegt auch nur daran,
dass die Menschen nicht zu Gott

kommen." Unsere Familie Nr. 6 2011

Der Herr ist auferstanden, sagen wir und die anderen sagen: „Das kann doch nicht wahr sein!" Die Rede von der Auferstehung kommt nicht aus der Phantasie aufgeregter Frauen und Männer, denn Phantasie dieser schlichten Leute ging in die andre Richtung: „Die Sache mit Jesus ist vorbei!" – **dachten sie.**

So gibt es noch viele Argumente, die dem Buch **„Der Jesus Mythos"** widersprechen, das die Religion als reine Mythologie hinstellen will.

Für mich persönlich habe ich vorgenannte Argumente als Wahrheit gefunden und danke Gott, dass er

mir diese Wahrheit hat finden lassen und ich glauben darf, wie ein Kind. Dadurch bin ich ein Kind Gottes, welches seinen Vater liebt und ihm nicht widerspricht, auch wenn es verstandesmäßig noch so schön klingt, was im vorgenannten Buch beschrieben wird. Es stimmt einfach nicht und ist nicht die Wahrheit, die ich mein Leben lang gesucht habe.

Ich habe die Wahrheit gesucht und habe sie gefunden und dazu noch Gott und alles Gute ebenso.

Was will ich mehr? Ich danke Gott von Herzen!

Den tiefen Frieden
im Rauschen der Wellen,
den wünsche ich dir.
Den tiefen Frieden
im schmeichelnden Wind,
den wünsche ich dir.
Den tiefen Frieden
über dem stillen Land,
den wünsche ich dir.
Den tiefen Frieden
unter den leuchtenden Sternen,
den wünsche ich dir.
Den tiefen Frieden
vom Sohne des Friedens,
den wünsche ich dir.

Aus Irland

„der stunden schlag
vertropft in ewigkeiten,
er mahnt dich ob des daseins
kurze frist –
es stehn der wunder tausend
an der pfade seiten,
dein aug' erspäht sie
wenn dein herz geöffnet ist."